NON-INVASIVE DATA GOVERNANCE

Il Percorso di Minor Resistenza e Maggior Successo

prima edizione

Robert S. Seiner

Edizione italiana a cura di

Nino Letteriello

Published by:
Technics Publications, LLC
2 Lindsley Road
Basking Ridge, NJ 07920 USA

http://www.TechnicsPub.com

Cover design by Lorena Molinari
Edizione italiana a cura di Nino Letteriello

ISBN, print ed.   9781634629096
ISBN, Kindle ed.   9781634629102
ISBN, ePub ed.   9781634629119

Prima Stampa 2014

Numero di controllo della Library of Congress: 2014947014

Sommario

Non-Invasive Data Governance è un titolo che lancia un messaggio molto chiaro. La scelta di avere la negazione *Non* in grande evidenza, nell'espressione produce l'effetto di una presa di distanza netta, da parte dell'autore, Robet Seiner rispetto a tutti coloro che pensano o danno per scontato che l'aggettivo giusto da associare a Data Governance sia Invasive.

Forse qualcuno avrebbe trovato più accattivante parlare di *"Governance Invasion-free"*, ma il significato del titolo è esattamente questo: tutti temiamo che la Data Governance sia un'attività onerosa, complessa, piena di ostacoli e che necessariamente "rivoluziona" i processi e i comportamenti lavorativi di un'organizzazione. Non solo, ma il timore più grande è che questa invasività della Data Governance non abbia come risultato finale un valore aggiunto oggettivo per l'azienda, bensì, più facilmente, solo un maggiore rigore nella gestione e quindi, probabilmente, una maggiore rigidità.

Robert Seiner vuole porsi con questo libro esattamente in risposta a questo timore. Non è necessario che la vostra organizzazione sia stravolta dall'implementazione di un programma di Data Governance! Esiste un modo di realizzare la Data Governance che è Non Invasivo, dipende dall'approccio con cui si affronta la sfida!

Come è possibile questo? Partendo da ciò che c'è, valorizzandolo e facendolo crescere, ci dice Seiner.

Chi è *non invasivo* riconosce che, nella propria organizzazione, i processi esistono già, i data steward esistono già e le persone che dovrebbero partecipare al programma di Data Governance hanno già un lavoro quotidiano. Il giusto approccio è capire come con la Governance si può aggiungere valore a ciò che esiste e non interferire con esso.

Per condurre il lettore a comprendere questo approccio, Seiner offre un grande numero di casi pratici, di esempi che sono davvero il prezioso distillato della sua esperienza di consulente in diversi ambiti e contesti. Non solo al lettore viene offerta la narrazione di casi di successo da cui trarre insegnamento, ma anche un buon numero di strumenti "semplici" da conoscere e poter utilizzare praticamente nelle proprie particolari situazioni.

Seiner mette a disposizione la sua competenza e la sua esperienza per permettere a tutti coloro, che lo vorranno, di ripercorrere, ognuno nel suo contesto, gli stessi passi e applicare l'approccio di Data Governance Non Invasivo.

Voglio ringraziare per il coordinamento e l'esecuzione del lavoro di traduzione **Franco Francia** e **Beatrice Cavalieri,** nonché l'editore, **Technics Publications,** per avere accettato la sfida insieme a **FIT Academy** di pubblicare l'edizione italiana di questo libro.

Proprio lo stile particolare di questo libro, diretto e semplice, quasi da manuale di istruzioni in alcuni passi, ha richiesto ai traduttori di effettuare una scelta particolare per ottenere un tono simile anche nella versione italiana. Lo scrivere rivolgendosi in maniera diretta al lettore, in seconda persona singolare, più tipico dello stile anglosassone, è stato in questo libro tradotto esattamente con la corrispondente seconda persona singolare italiana, il "tu".

Il lettore si sentirà quindi chiamato in causa in maniera molto frequente usando il "tu". Sì, Seiner si rivolgerà a te lettore direttamente. Ti verrà chiesto spesso di fare riferimento alla tua organizzazione e alla tua esperienza, in modo che tu possa immedesimarti con le situazioni proposte e, quasi, mettere in pratica immediatamente le indicazioni e i suggerimenti dell'approccio Non-Invasive.

Non resta allora, caro lettore, che adeguarmi da subito a questo registro e augurarti buona lettura!

Nino Letteriello

Presidente DAMA Italy

Riconoscimenti

Mi ci è voluto molto tempo per scrivere questo libro. Non è stato molto il tempo impiegato per il processo di scrittura, ma piuttosto il tempo trascorso da quando ho formulato le parole per la prima volta nella mia testa. Nel corso degli anni, molte persone mi hanno incoraggiato a scrivere uno o più libri e ho sempre pensato che la mia pubblicazione, The Data Administration Newsletter (TDAN.com), mi avesse dato sufficienti opportunità per esprimere le mie opinioni e le mie considerazioni su come affrontare le problematiche di Data Administration, Data Management, Metadata Management, Knowledge Management, Data Stewardship, Data Governance e, in particolare, Non-Invasive Data Governance.

Ho molte persone da ringraziare per, direi, tutto. Prima di tutto, vorrei ringraziare mia moglie, Cheryl, per avermi sostenuto in tutte le mie imprese o avventure negli anni che mi hanno condotto a questo giorno. Voglio anche ringraziare le mie figlie, Erin e Mandy, che sono diventate persone brave e in gamba, a volte difficili. Hmm, mi chiedo da dove hanno preso?

Sia mia moglie che le mie figlie sembrano capire quando mi chiudo nel mio ufficio per ore e ore per fare quello che faccio, anche se non sono certe di sapere davvero cosa faccio. Sanno che faccio "PowerPoint per vivere" (rubato a John Ladley molti anni fa). Sanno che ha qualcosa a che fare con la "gestione dei dati". Sanno che viaggio fino ai confini del mondo (ok, non proprio) per aiutare le organizzazioni a gestire meglio i propri dati e le proprie informazioni. Questo è tutto.

Voglio ringraziare i miei genitori. Possano riposare in pace sapendo che mi hanno cresciuto in modo tale che io li riconosco praticamente in tutto ciò che faccio e dico. Mio padre mi ha sempre insegnato a essere preparato e ad essere forte. Mia madre mi ha insegnato ad essere duro, ma allo stesso tempo amorevole. Penso che ciò riassuma il modo in cui sono abbastanza bene.

Voglio ringraziare i miei fratelli, Henry e David, mia sorella, Harriet Ann, e le loro famiglie per essere sempre stati lì per il sostegno reciproco mentre abbiamo passato molti meravigliosi momenti di festa e la nostra parte di crisi. Non avrei potuto chiedere una famiglia migliore, inclusi tutti quelli nei paragrafi precedenti, e volevo ringraziarvi pubblicamente qui.

Ho un debito di ringraziamento a diverse persone chiave che mi hanno aiutato lungo il percorso attraverso i loro buoni consigli, l'opportunità di ottenere visibilità, essere un buon amico o aiutato a far progredire il settore della data governance. Queste persone sono, senza alcun ordine di importanza, Craig Mullins, Tony Shaw e tutte le persone fantastiche di DATAVERSITY, Jean Schauer precedentemente al BeyeNETWORK, Davida Berger, Gwen Thomas e Joe Maggi. Questo elenco di amici e colleghi è sempre un elenco in corso. Spero e mi aspetto che voi sappiate chi siete.

Voglio ringraziare i miei clienti per aver riposto la loro fiducia in me e i lettori delle mie pubblicazioni e partecipanti alle mie presentazioni e webinar per la loro attenzione, ispirazione e parole gentili nel corso degli anni.

Voglio ringraziare gli autori che negli anni hanno contribuito a *The Data Administration Newsletter* (TDAN.com). Sono troppi per nominarli individualmente. Ne citerò alcuni che non verrebbero menzionati altrimenti: Mike Gorman, Dave Hay, Barb von Halle, John Zachman, Ron Ross, Joe Celko, Daragh O'Brien e Larry Burns. Penso che sappiate chi siete e vi ringrazio per aver fornito ai lettori di TDAN.com enormi informazioni, consigli ed esperienza nel corso degli anni. Il mio apprezzamento va anche agli abbonati e ai lettori di TDAN.com per essere stati in primo luogo il motivo principale della pubblicazione.

In particolare, voglio ringraziare Hank Walshak per il suo aiuto nella compilazione, modifica, aggiunta, eliminazione e riformulazione (in modo che le parole abbiano un senso), così come la sua gestione generale del progetto per far uscire questo libro dalla porta. E Joyce Kane per la sua guida e le battute amichevoli. E, naturalmente, ringrazio Steve Hoberman, il mio editore, per il suo incoraggiamento e rinforzo nel mettere insieme questo libro e nel farmi smettere di procrastinare per completarlo.

E infine, se hai acquistato questo libro, grazie per aver portato quest'opera d'arte nella tua vita. È mia profonda speranza che nel tuo viaggio attraverso queste pagine troverai molte cose che trovi utili mentre cerchi di costruire e implementare un programma di Non-Invasive Data Governance™ di successo.

Molte organizzazioni tentano di ottenere supporto per una formalizzazione delle attività di data governance comunicando il valore che la data governance può portare alle loro organizzazioni. Sebbene questo sia importante - e deve essere diverso per ciascuna organizzazione - altre considerazioni collaterali entrano in gioco in relazione alla data governance.

Ad esempio, considera ciò che un'organizzazione non può fare perché i dati nei suoi sistemi, database e risorse, accumulati nel corso degli anni, non sono governati per affrontare ciò che non si riesce a fare. Questa domanda - cosa un'organizzazione non riesce a fare? - non è facile da porre e le risposte che si ricevono possono essere sorprendenti.

Considera alcune risposte che si possono immaginare: non si possono confrontare i costi tra le regioni. Non si possono tracciare i progressi degli studenti e vedere dove potrebbero essere in difficoltà. Non si riesce a massimizzare la posizione dei prodotti nel negozio. Non si riescono ad abbinare i record di un individuo nei diversi punti di contatto che ha con la nostra organizzazione. Non si riescono ad utilizzare le risorse nel modo più conveniente dal punto di vista dei costi. Non si riescono a massimizzare le capability decisionali sulla base dei dati che si possiedono.

Tutti questi *non si riesce* ostacolano il modo in cui un'organizzazione cresce e si ingrandisce. I dati sono il fulcro per affrontare queste preoccupazioni. E governare i dati con un approccio formale non invasivo modellato sulla cultura di un'organizzazione è una cosa importante da considerare. Da molti anni mi concentro sull'approccio Non-Invasive Data Governance ™. Ecco di cosa parla questo libro.

Questo libro presenta un approccio totalmente nuovo per proporre la data governance alla tua organizzazione, in modo che il top management possa dare il via libera per procedere con la definizione, la consegna e l'amministrazione di tale programma. Ho scritto di mettere in atto i componenti necessari della data governance in modo da poter fornire una data governance di successo e sostenibile nella tua organizzazione.

Due domande tipicamente poste dalle persone che promuovono la necessità di data governance nelle loro organizzazioni sono:

1. *Cosa servirà per convincere il nostro management a utilizzare risorse, tempo e denaro per costruire e gestire un programma di data governance?*

2. *Come possiamo fare in modo che il management comprenda l'importanza della data governance?*

Non ci sono risposte semplici a queste domande. E questo libro non è mirato a cercare di rispondere in modo specifico a queste domande per una particolare organizzazione. Ogni organizzazione indica la priorità su come spende risorse, tempo e denaro a suo modo. Ogni organizzazione ha il suo proprio modo per determinare se la data governance è importante e sufficientemente preziosa da perseguire. E ogni organizzazione ha il suo modo di prendere decisioni su ciò che sarà e non sarà fatto.

Invece, con questo libro offro queste parole di saggezza per raggiungere gli obiettivi che sono stati prefissati per la data governance nella tua organizzazione con la speranza che venga considerato l'approccio non invasivo come un'opzione. Nella sezione successiva viene fornita una serie di messaggi fondamentali per il management riguardo a Non-Invasive Data Governance™. Ma iniziamo con la definizione di "data governance".

DEFINIZIONE DI DATA GOVERNANCE

Definisco la data governance in questo modo:

Data governance è l'esecuzione formale e l'applicazione dell'autorità sulla gestione dei dati e delle risorse relative ai dati.

La verità è che alcune organizzazioni con cui ho lavorato hanno addomesticato questa definizione in modo che non risulti così spaventosa, o aspra, o ostica.

Hanno sviluppato definizioni più in linea con la mia definizione di Non-Invasive Data Governance. Per esempio:

Formalizzazione del comportamento in merito alla definizione, produzione e utilizzo dei dati per gestire il rischio e migliorare la qualità e la fruibilità dei dati selezionati.

Formalizzazione e guida del comportamento sulla definizione, produzione e utilizzo delle informazioni e degli asset relativi alle informazioni.

Si noti che entrambe le definizioni iniziano con "formalizzare il comportamento". Formalizzare il comportamento e responsabilizzare le persone sono i due principi fondamentali dell'approccio di Non-Invasive Data Governance. La formalizzazione del comportamento presuppone che sia già in atto una comprensione di data governance.

Per rimanere non-invasive, le organizzazioni dovrebbero:

- Identificare le persone che informalmente hanno già un livello di responsabilità per i dati che definiscono, producono e utilizzano per completare il loro lavoro o le loro funzioni. Per fare ciò, un'organizzazione deve prima progettare un modello operativo di data governance di ruoli e responsabilità che sia in linea con il modo in cui l'organizzazione opera oggi. Un modello operativo di successo non richiede di adattare i componenti della tua organizzazione al suo modello. Un modello operativo di successo consente di sovrapporre la sua struttura ai componenti organizzativi esistenti. Troverai informazioni dettagliate sulla creazione di un modello operativo di ruoli e responsabilità nel Capitolo 6.

- Identificare e governare i percorsi di escalation esistenti e le capacità decisionali da una prospettiva positiva (come e perché stanno lavorando) e negativa (perché non sempre funzionano) e quindi sfruttare ciò che funziona mentre si affrontano le opportunità di miglioramento.

- Riconoscere le persone per quello che fanno con i dati e aiutarle a formalizzare i loro comportamenti, in modo che possano beneficiare gli altri potenzialmente influenzati dai loro comportamenti. Spesso, le decisioni vengono prese nel vivo della battaglia o nelle operazioni quotidiane che si traducono in conseguenze positive e negative per altre persone durante il ciclo di vita dei dati composto da definizione, produzione, utilizzo e ri-formattazione.

Includendo il termine "governance", la data governance richiede l'amministrazione di qualcosa. In questo caso, la data governance si riferisce all'amministrazione, o alla formalizzazione, del comportamento intorno alla gestione dei dati. Piuttosto che far sembrare la disciplina minacciosa e difficile, il mio suggerimento è di seguire un approccio di Non-Invasive Data Governance che si concentri sulla formalizzazione di ciò che già esiste e sull'affrontare le opportunità di miglioramento.

MESSAGGI PER IL MANAGEMENT

La prima reazione al termine "data governance" è spesso di disprezzo o paura. Il termine "governance", come "governo", trasmette l'impressione che un programma incentrato sulla governance includerà una serie di leggi o regole sulle relazioni che le persone hanno con i dati. Quando si parla di relazioni con i dati, queste relazioni definiscono, producono e utilizzano semplicemente i dati come parte del proprio lavoro regolare. Pertanto, se le persone si aspettano che aggiungeremo leggi che disciplinano la loro relazione con i dati, la prima reazione sarà probabilmente paura o diffidenza rispetto al valore aggiunto dalla data governance. Le persone possono persino concludere che la data governance interferirà con le loro responsabilità.

Vorrei offrirti due serie di messaggi da utilizzare quando condividi il tuo approccio alla data governance nella speranza di convincere le persone a chiedere *come* la propria organizzazione può raggiungere la data governance - e, in particolare, un approccio Non-Invasive Data Governance - piuttosto che il *perché* la data governance è necessaria.

CALMARE I NERVI DEL MANAGEMENT RIGUARDO ALLA DATA MANAGEMENT

Se si segue l'approccio Non-Invasive Data Governance o si è interessati a seguire questo approccio, questi cinque messaggi sono fondamentali per il management:

1. **Stiamo già governando i dati, ma lo stiamo facendo in modo informale.** Le persone nell'organizzazione hanno già la responsabilità dei dati. Si dovrebbe elencare chi fa cosa con i dati e fornire un modello operativo di ruoli e responsabilità più adatto all'organizzazione. A un certo livello, ci sarà bisogno di qualcuno con una visione dell'intera organizzazione e responsabilità per i dati che passi attraverso i silos dell'organizzazione e gestisca i dati come una risorsa condivisa. Questa sarà la nostra sfida più grande ma fattibile, perché non si gestiscono naturalmente i dati come una risorsa condivisa e a livello di intera azienda.

2. **Possiamo formalizzare il modo in cui governiamo i dati definendo una struttura che comprenda ciò che stiamo facendo ora.** Le persone nell'organizzazione lavorano in ruoli operativi, tattici, strategici e di supporto sui dati. Occorre sapere chi sono e impostare una struttura formale che comprenda chi è responsabile, accountable consultato e informato sulle regole di business e sulle normative associate ai dati che essi definiscono, producono e utilizzano.

3. **Possiamo migliorare la nostra data governance.** I nostri sforzi di data governance possono aiutarci a migliorare il modo in cui *gestiamo i rischi* associati a compliance, classificazione, sicurezza e regole aziendali che influenzano i nostri dati. Le persone dell'organizzazione ci mettono potenzialmente a rischio ogni giorno quando non si ha la certezza che conoscano le regole associate alla gestione dei dati. Gli sforzi per *migliorare la qualità* dei dati devono essere *coordinati e cooperativi* tra le business unit utilizzando la struttura formale sopra menzionata. La garanzia della qualità richiede che il personale operativo e tattico abbia la capacità di registrare, monitorare e risolvere problemi noti di qualità dei dati. L'organizzazione può migliorare immediatamente il modo in cui *si comunica* sui dati registrando e condividendo informazioni su chi fa cosa con i dati.

4. **Non dobbiamo spendere molti soldi per la data governance.** La data governance non deve essere necessariamente un'impresa costosa. A seconda dell'approccio che si adotta, la data governance può costare solo il tempo che ci si dedica. La data governance richiederà che una o più persone impieghino il tempo a definire e amministrare il programma, ma un grande malinteso è che la data governance debba essere oltre e sopra agli effort di lavoro esistenti di un'organizzazione. Si deve evitare di nominare cose come "i processi di data governance " perché questo dà alle persone l'impressione che il comportamento formale in merito alla definizione, produzione e utilizzo dei dati sia una colpa della data governance piuttosto che il collante che garantisce che questi comportamenti siano gestiti correttamente.

5. **Abbiamo bisogno di una struttura. Dovremmo considerare l'approccio di Non-Invasive Data Governance.** Si deve seguire un approccio collaudato alla data governance che non minacci le persone dell'organizzazione che partecipano al programma. La data governance richiederà che il business e le aree tecnologiche dell'organizzazione assumano una responsabilità formale e condivisa per il modo in cui i dati vengono gestiti. I partecipanti al programma di data governance hanno già un lavoro quotidiano. Dobbiamo aggiungere valore e non interferire con ciò che fanno nel loro lavoro. L'obiettivo della non-invasive data governance è essere trasparente, di supporto e collaborativa. Questi concetti sono alla base dell'implementazione dell'approccio Non-Invasive Data Governance.

I primi quattro messaggi sopra riportati aiutano ad alleviare i nervi del management e ad aiutarlo a rendersi conto che esistono diversi modi per comunicare la data governance all'interno dell'organizzazione. A questo proposito, è importante ricordare che nella maggior parte delle situazioni, le persone sul posto di lavoro crederanno a ciò che viene detto loro, a condizione che il messaggio aiuti a comprendere e offra una prospettiva positiva e nuova sulla data governance.

Oltre a concentrarsi sul management, questa seconda serie di messaggi chiarisce il cuore dell'approccio Non-Invasive Data Governance enfatizzando la natura veramente non invasiva dell'approccio. Permettetemi di introdurre questi messaggi raccontando una semplice storia su una recente presentazione che ho tenuto.

All'inizio di questa presentazione agli appassionati di dati di dozzine di aziende e organizzazioni, ho chiesto ai partecipanti di alzare la mano se le loro organizzazioni stavano implementando la data governance. Circa la metà delle mani delle persone del pubblico si alzò.

Per sottolineare un punto importante, ho posto di nuovo la stessa domanda dicendo: "Va bene, questa volta voglio che tutti alzino una mano quando pongo la stessa domanda". Ho fatto la stessa domanda e la mano di tutti si è alzata. Con sorpresa di tutti, ho detto: "Così va meglio". Ho ricevuto alcune occhiate confuse, ma alla fine della sessione i partecipanti hanno capito questo importante messaggio:

> *Tutte le organizzazioni gestiscono già i dati. Possono farlo in modo informale, a volte inefficiente, spesso inefficace, ma gestiscono già i dati. E tutti possono farlo meglio.*

Usiamo un data warehousing o un ambiente di master data management come esempio perché probabilmente tu che stai leggendo questo libro ne hai uno o più, sei stato coinvolto nella costruzione di uno di essi, o almeno ne hai sentito parlare.

Quando stavi costruendo il tuo datawarehouse, una o più persone avevano la responsabilità di *definire* quali dati andavano nel datawarehouse. Alcuni di questi individui avevano la responsabilità di produrre dati tramite uno o più processi di estrazione, trasformazione e caricamento. Altre persone avevano la responsabilità di utilizzare i dati del warehouse per lo scopo previsto. Per ciascuno dei sistemi o delle risorse di dati che alimentavano il datawarehouse, qualcuno era responsabile della definizione, produzione e utilizzo di tali dati. Le responsabilità abbondavano in tutto l'ambiente di data warehousing.

Le decisioni riguardo al tuo datawarehouse sono state prese e vengono ancora prese; problemi sono stati risolti, è stata applicata la sicurezza, sono stati resi disponibili i metadati e i dati sono stati esportati per uso individuale. Tutti questi eventi si sono verificati intorno al data warehousing e alla business intelligence.

Puoi stare svolgendo bene alcune di queste attività. Altre attività potrebbero avere necessità di essere migliorate. Questi eventi rappresentano un microcosmo del resto della data governance esistente nella tua azienda. Da qualche parte, in qualche modo, la data governance è in corso. Ma spesso non esiste una cosa formale chiamata "data governance". Ma in larga misura, secondo la mia definizione di data governance, "stai eseguendo e facendo rispettare l'autorità sulla gestione dei dati e delle risorse relative ai dati".

Non sarebbe fantastico se potessimo creare una struttura riguardo al modo in cui gestiamo già i nostri dati senza spendere molti soldi e risorse per risolvere il problema? La verità è che si può. Questo libro spiega come farlo implementando la data governance in modo non invasivo, sfruttando i livelli di governance già esistenti nella tua organizzazione e affrontando le opportunità di miglioramento.

A prima vista, l'implementazione di un programma di data governance può sembrare una sfida enorme. Ciò può essere in parte vero perché la data governance presenta delle sfide. Le sfide diventeranno evidenti a causa delle dimensioni dell'organizzazione e delle complessità del suo business, ma non a causa della data governance in sé.

COSA DIRE AL MANAGEMENT

La prossima serie di messaggi si concentra sul superamento di alcune delle principali percezioni errate che le persone nelle organizzazioni hanno quando considerano la data governance.

1. **Evita di promuovere la data governance come una sfida enorme.** E se il tuo management pensa già che la data governance sarà una sfida importante, prova a calmarli facendo riferimento ai messaggi per il management in questo capitolo. La data governance può essere implementata in un modo non minaccioso, non impattante, che non stravolge la cultura e non invasivo, che ridurrà le sfide che le persone nella tua azienda possono incontrare. La data governance non deve essere implementata tutta insieme in una volta sola. In effetti, la maggior parte delle organizzazioni che introducono con successo la data governance implementano i propri programmi in modo incrementale. L'incremento include il perimetro dei dati che viene governato, rispetto

al dominio di appartenenza e dal punto di vista organizzativo, nonché il livello di governance del comportamento formale che viene applicato ai dati.

2. **Sottolinea che la data governance non è una soluzione tecnica.** Probabilmente esisterà una componente tecnica del programma di data governance. Ma potrebbe non essercene uno. Il fatto è che non puoi acquistare software o hardware che costituiranno la tua soluzione per la data governance. Inoltre, semplici strumenti sono sviluppabili internamente per aiutare le organizzazioni a governare i comportamenti delle persone rispetto ai dati.

3. **Sottolinea che i comportamenti delle persone, non i dati, sono governati.** La data governance formalizza il comportamento delle persone per la definizione, la produzione e l'utilizzo dei dati. L'enfasi è sulla formalizzazione dei comportamenti delle persone, non sul comportamento dei dati. I dati si comportano nel modo in cui si comportano le persone. La tecnologia può aiutarti a governare i comportamenti delle persone, ma i dati fanno quello che dici. Poiché i comportamenti delle persone sono governati, molte organizzazioni considerano la data governance una disciplina guidata dai processi. Questo è parzialmente vero. Far sì che le persone facciano la cosa giusta al momento giusto è una parte importante della governance. Ma le organizzazioni che promuovono la data governance come un processo di governance completamente nuovo si trovano a combattere a causa della percepita invasività di questo approccio. La governance dovrebbe prima formalizzare il comportamento riguardo ai processi esistenti e sommarsi ai carichi di lavoro esistenti delle persone solo come ultima risorsa.

4. **Sottolinea che la data governance è un'evoluzione, non una rivoluzione.** Come accennato in precedenza, la data governance non verrà completata tutta in una volta sola. Diverse organizzazioni passano a uno stato di data governance in modi diversi. Alcune organizzazioni si concentrano all'inizio su domini o aree tematiche specifiche dei dati. Altre organizzazioni si concentrano su aree di business, divisioni, unità o applicazioni specifiche piuttosto che implementarle in tutta l'organizzazione contemporaneamente. Altre

organizzazioni ancora si concentrano su una combinazione di due o tre domini specifici all'interno di business unit che utilizzano applicazioni specifiche. Non esiste un unico modo corretto per far evolvere la data governance nella tua azienda. Tuttavia, posso assicurarti che i dipendenti resisteranno se la tratterai come una rivoluzione.

Punti Chiave

- Data governance è l'esecuzione formale e l'applicazione dell'autorità sulla gestione dei dati e delle risorse relative ai dati.

- Stiamo già governando i dati; lo stiamo facendo in modo informale. Possiamo formalizzare il modo in cui gestiamo i dati strutturando ciò che stiamo facendo attualmente.

- Possiamo migliorare il modo in cui gestiamo il rischio dei dati e proteggiamo i dati, la qualità dei dati e la garanzia della qualità senza spendere molti soldi.

- Non dobbiamo spendere molti soldi.

- Evita di promuovere la data governance come una sfida enorme.

- Sottolinea che la data governance non è una soluzione tecnica.

- Sottolinea che i comportamenti delle persone, non i dati, sono controllati.

- Concentrati sulla data governance come evoluzione, non rivoluzione.

Ho iniziato a concentrarmi su una prospettiva di Non-Invasive Data Governance molti anni prima di iniziare a utilizzare questo termine per descrivere il mio approccio. Quando lavoravo nel mondo aziendale, il mio primo sforzo di data governance si concentrava sui data steward, che saranno discussi nel Capitolo 7. L'approccio agli steward era incentrato sull'aiutare le persone dell'organizzazione a svolgere il proprio lavoro senza dare loro l'impressione che gli fosse data qualsiasi responsabilità al di là di quanto già avevano. All'inizio era chiaro che il mio approccio alla data governance sarebbe stato non invasivo.

Ora, dopo aver implementato programmi di data governance e information governance in questo modo per molti anni, posso onestamente dire che il mio approccio è diventato meno invasivo nel tempo. Pensa. Il tuo programma di data governance può essere non invasivo - meno invadente, meno minaccioso, meno costoso, ma più efficace - o invasivo – riguardo a comando e controllo. Chiamo l'approccio invasivo l'approccio two-by-four. A te la scelta. Ma continua a leggere prima di farlo.

Mi viene spesso chiesto: "Come puoi implementare un programma di data governance in modo non invasivo?" Le organizzazioni che seguono l'approccio descritto in questo libro mi dicono che il termine " Non-Invasive Data Governance " è ciò che le ha attratte verso questo approccio.

Il termine mira direttamente al cuore delle preoccupazioni che molte organizzazioni hanno in primo luogo sulla data governance. In generale sono i seguenti:

- La maggior parte delle organizzazioni vede la data governance come qualcosa al di sopra del normale impegno lavorativo che minaccia la cultura lavorativa esistente di un'organizzazione. Sottolineo che *non deve essere così*.

- La maggior parte delle organizzazioni ha difficoltà a convincere le persone a adottare le migliori pratiche di data governance a causa della convinzione comune che la data governance riguardi il comando e il controllo. *Non deve nemmeno essere così.*

- Affermo fermamente che la data governance è l'esecuzione e l'applicazione dell'autorità sulla gestione dei dati. Ma da nessuna parte in questa definizione si dice che la data governance debba essere invasiva o minacciosa per il lavoro, le persone e la cultura di un'organizzazione.

Non-Invasive Data Governance può essere riassunta in poche brevi dichiarazioni. Con l'approccio Non-Invasive Data Governance:

- Le responsabilità dei data steward sono identificate e riconosciute, formalizzate e impegnate in base alle loro responsabilità esistenti piuttosto che farli sentire come se stessi assegnando loro più lavoro.

- La governance dei dati viene applicata a policy, procedure operative, pratiche e metodologie esistenti piuttosto che iniziare con l'introduzione o l'enfasi di nuovi processi o metodi.

- La governance dei dati aumenta e supporta tutte le attività di data integration, risk management, business intelligence e master data management in modo coerente all'interno di un'azienda, anziché imporre un rigore incoerente a queste iniziative.

- Particolare attenzione è rivolta a garantire la comprensione da parte del senior management di un approccio pratico e non minaccioso, ma efficace, alla gestione dei dati che sarà adottato per concordare l'ownership e promuovere la gestione dei dati come risorsa cross-organizzativa piuttosto che mantenere la governance in silo o come qualcosa che ci viene detto di fare.

- Le migliori pratiche e i concetti chiave dell'approccio non minaccioso alla data governance vengono comunicati in modo efficace e vengono confrontati con le pratiche esistenti per identificare e sfruttare i punti di forza e abilitare la capacità di affrontare le opportunità di miglioramento.

DATA GOVERNANCE NON È UN PROCESSO

Ho una piccola fissazione quando si tratta di parlare di data governance. Questo fastidio è diretto a far capire alle persone che la data governance, di per sé, non è un processo. Mi sembra improduttivo quando le persone parlano di "processo o processi di data governance". Con l'approccio non invasivo alla data governance, la governance e la formalizzazione vengono applicate ai processi già esistenti.

Non mi piace questo termine "processo" perché credo che chiamare i processi "processi di data governance" causi più danni che benefici. L'intento di essere non invasivi con il proprio approccio alla data governance è quello di essere trasparenti per l'organizzazione applicando la governance ai processi esistenti piuttosto che indurre l'organizzazione a pensare che tutti i processi che sono governati siano stati causati dalle attività di data governance. Se non sei invasivo nel tuo approccio, riconosci che questi processi esistono, o sono stati creati per uno scopo, prima di qualsiasi discorso sulla data governance e che il programma si concentra sul coinvolgere le persone giuste nel processo al momento giusto e per la giusta ragione.

Di solito mi riferisco a questa applicazione della data governance come "Carta dei diritti della Data Governance" (Data Governance Bill of Rights). Ma prima di descrivere in dettaglio come la Carta dei Diritti sia al centro di un approccio di Non-Invasive Data Governance, permettetemi di condividere con voi un breve aneddoto sul lancio di un programma di Non-Invasive Data Governance anche nelle circostanze finanziarie più difficili.

DATA GOVERNANCE E BALLARE SOTTO LA PIOGGIA

Ogni tanto, quando mia figlia minore, Mandy, era giovane, veniva da me con una citazione che leggeva da qualche parte e voleva che prendessi in considerazione l'idea di usarla come citazione settimanale sulle prime pagine di *The Data Administration Newsletter* (TDAN.com).

Una volta, quando Mandy aveva 12 anni, mi si avvicinò con questa citazione: "La vita non è aspettare che la tempesta passi. Si tratta di imparare a ballare sotto la pioggia."

Ho subito pensato: "Come può questa citazione essere collegata alla data governance e in particolare alla mia base di lettori?" Ho visto una connessione istantanea. Ho subito chiesto: "Chi l'ha detto?" La risposta di Mandy da adolescente è stata: "Qualcuno."

Avevo sentito questa citazione almeno una volta e, dopo una rapida ricerca su Internet, ho trovato la citazione in molti luoghi. Ho scoperto che la citazione non è attribuita a nessuno in particolare. In genere non uso citazioni non riconosciute nei miei scritti, ma più ci pensavo, più pensavo che sarebbe stato bello applicarlo alla data governance.

IL CENTRO DI UNA TEMPESTA

È probabile che anche tu sia nella tempesta se lavori in azienda in America (o in azienda dappertutto), se lavori nel settore privato o nel settore pubblico o nell'istruzione, o anche se sei un lavoratore autonomo. La situazione economica è difficile per tutti. Il mercato azionario subisce picchi e si riprende, ma rimane ancora volatile. Da qui il ritiro della parola "pensionamento" dai vocabolari di molte persone. La disoccupazione è a livelli elevati. Le aziende stanno tagliando. I progetti vengono ritardati se non annullati. Ai colleghi di vecchia data viene mostrata la porta. Le aziende stanno diventando più snelle, se non più meschine, nel modo in cui si stanno ridimensionando. La tempesta è qui. È sospesa proprio sopra di noi e ce ne accorgiamo tutti.

L'Information Technology (IT) non è l'unica parte di queste organizzazioni sotto le nuvole nere. Anche le aree di business ne risentono. Infatti, stringere la cinghia e trattenere i finanziamenti ha un impatto su tutti in un'organizzazione. I programmi di data governance che hanno un impatto sia sull'IT che sulle aree aziendali sono diventati le ultime vittime della mancanza di fondi in molte organizzazioni.

Queste organizzazioni riconoscono che la data governance è importante quando si tratta di compliance, controllo normativo, classificazione, sicurezza, privacy e generale risk management rivolto ai dati. Tuttavia, la tempesta ha fatto sì che molte di queste organizzazioni mettessero una tenda sulla data governance e aspettassero che la tempesta passasse.

La maggior parte delle organizzazioni comprende la necessità di una data governance. E la maggior parte delle persone alza la mano quando gli viene chiesto se hanno margini significativi di miglioramento nella gestione dei dati. Se non sei sicuro della posizione della tua organizzazione, ti suggerisco di rivedere The Data Governance Test nel Capitolo 4 ed eseguire un'autovalutazione della posizione della tua organizzazione sulla data governance rispetto a dove vuole essere.

Sarei sorpreso se arrivassi alla conclusione che la tempesta non sta avendo alcun impatto sul tuo programma di data governance.

LA VITA NON È ASPETTARE CHE PASSI LA TEMPESTA

Certamente, un'opzione è aspettare che passi la tempesta. Mettersi sotto il tendone. Se sai quanto durerà la tempesta, condividilo con me e i miei lettori. Gli esperti dicono che stiamo vedendo segnali che la povera economia ha toccato il fondo. Eppure, anche gli esperti ottimisti dicono che potrebbe volerci molto tempo, se ciò accadrà, prima che l'economia torni vicino a dove era stata. I giorni dell'eccesso potrebbero essere passati. Anche i giorni in cui il personale era in eccesso, il budget in eccesso e le organizzazioni cariche di consulenti potrebbero appartenere al passato. Ora sono i giorni del pesante controllo finanziario e tutti gli indizi indicano che non se ne andranno presto. Quindi prendi l'impermeabile, le galosce, l'ombrello e le paperelle di gomma, perché la tempesta potrebbe rimanere con noi per un po'.

Potrebbe essere una tempesta fuori (e talvolta dentro) le mura della tua organizzazione, ma i problemi e le opportunità che circondano la gestione dei dati sono destinati a rimanere. È probabile che la tua direzione consideri ancora importante la gestione del rischio relativo ai dati, inclusi compliance, sicurezza, privacy, classificazione e protezione. Ci sono probabilità che il management possa continuare anche a cercare modi per migliorare il valore che ottiene dai propri dati attraverso la business intelligence, la gestione dei dati master e implementazioni di pacchetti software. Tuttavia, questi sono i tipi di iniziative che possono essere relegati nel dimenticatoio.

Ecco un semplice suggerimento che vale la pena considerare: fai quello che puoi ora per affrontare questi problemi. Ancora più importante, trova modi per capitalizzare le opportunità a portata di mano, anche se sono disponibili poco o nessun budget.

SI TRATTA DI IMPARARE A BALLARE SOTTO LA PIOGGIA

Ecco qualcosa a cui probabilmente non hai pensato sulla definizione di "ballo". Il ballo è definito come muoversi ritmicamente, di solito su musica, usando passi e gesti prescritti o improvvisati [thefreedictionary.com].

L'ultima volta che ho controllato, ballare non costava affatto soldi. Anche ballare sotto la pioggia non costa molto di più (probabilmente hai più spazio). Aspetta. Sbagliato. Mandy - ricordala come colei che ha inventato questa frase sdolcinata per cominciare - balla tutto il tempo. Il più delle volte è gratuito quando lei svolazza di continuo - scusate, si muove ritmicamente per la casa al ritmo della musica nella sua testa - ma le lezioni di danza e le lezioni di teatro le costano qualcosa. OK, quindi ballare non è sempre gratuito.

Anche i programmi di data governance non sono sempre gratuiti. Con una corretta gestione, tuttavia, un programma di data governance, in particolare un programma di Non-Invasive Data Governance, può fornire all'organizzazione un valore mai visto prima e ha un costo estremamente contenuto. Consentitemi di sottolinearlo ancora una volta: **un programma di data governance può fornire un elevato livello di valore a un'organizzazione senza spendere montagne di soldi.**

Cosa possiamo fare per far avanzare la nostra organizzazione mentre piove così tanto? Cosa possiamo fare per concentrarci dove necessario per mettere in atto un programma di data governance? Forse possiamo entrare nella tempesta per un momento e cercare cose che noi come organizzazione possiamo fare già ora per mettere in atto i componenti di base di un programma di Non-Invasive Data Governance senza sentire davvero l'impatto della tempesta. Hey! Io lo chiamo ballare. E a chi importa se ti bagni un po'?

Ecco alcune cose che puoi fare in questo momento per uscire nella tempesta, ballare un po' e costruire le solide basi per un programma di Non-Invasive Data Governance:

1. Convinci il tuo management che, a seconda dell'approccio adottato, un programma di data governance costa solo il tempo che ci dedichi. Sarà necessario spiegare che il costo principale di un programma di Non-Invasive Data Governance è la disponibilità di risorse umane per

gestire il programma. I costi incrementali derivano solo dall'espansione, dall'accettazione e dal coinvolgimento formale.

2. Identifica una persona che avrà la responsabilità di definire cosa significherà la data governance per l'organizzazione. Questa persona dovrebbe avere accesso alle aree di business e IT, alle risorse incaricate di migliorare il valore, la qualità e il processo attraverso un migliore risk management dei dati, data integration e data governance.

3. Seleziona un progetto o un'attività con cui lavorare, da cui apprendere e assegnare alle persone appropriate la definizione, la produzione e l'utilizzo di dati specifici relativi all'attività. In altre parole, impara dal tuo livello attuale di information security, business intelligence, master data management, scorecard e dashboard. Hai già un certo livello di governance in atto. Impara da esso.

4. Registra le informazioni sulle persone impegnate nelle attività sui dati relative a questo progetto in modo strutturato.

5. Mentre i numeri 3 e 4 hanno luogo, chiedi alla persona del numero 2 di lavorare con i suoi colleghi per definire un quadro pratico di data governance di ruoli e responsabilità. Questi ruoli e responsabilità dovrebbero riguardare la gestione operativa, tattica, strategica, esecutiva e di supporto e mappare i ruoli del framework al livello di governance esistente intorno ai dati per ciascuna iniziativa di partenariato.

6. Perdonate questo audace suggerimento: cercate assistenza di mentoring da qualcuno che ha in mente i vostri migliori interessi e che in passato ha implementato efficaci programmi di Non-Invasive Data Governance. Utilizzate questo mentore per fornire il trasferimento delle conoscenze e per individuare le risorse - valutazione, piano d'azione, policy, consapevolezza, comunicazione - secondo necessità durante lo sviluppo del programma.

CASE STUDY: BALLARE SOTTO LA PIOGGIA

Diversi anni fa, ho avuto il privilegio di lavorare a fianco di un gentiluomo a cui era stata affidata la responsabilità di mettere in atto un programma di data governance per la sua azienda, ma a cui non erano state fornite risorse con cui lavorare o budget per parlare di dati governance. Questa storia ti suona familiare?

Questo signore, chiamiamolo Data Governance Lead, non aveva incarichi o ambizioni manageriali. Eppure, sentiva fortemente che la gestione dei dati come una preziosa risorsa aziendale era la cosa giusta da fare per la sua azienda e la cosa giusta per aiutarlo a concentrare la sua carriera su qualcosa di significativo e positivo.

Il Data Governance Lead ha riconosciuto di avere una dura battaglia da combattere. Ha riconosciuto che il ciclo di bilancio era qualcosa di difficile in cui entrare. Ha scoperto che le persone nella sua organizzazione erano abituate a svolgere il proprio lavoro in modo abitualmente confortevole e che non avevano alcun interesse ad applicare o avere una disciplina formale al modo in cui definivano, producevano e utilizzavano i dati. Ha scoperto che le persone erano completamente concentrate sul proprio lavoro e si comportavano bene. Non si preoccupavano dell'impatto che avevano sul modo in cui l'azienda operava o se avessero avuto un impatto negativo sui profitti. Riconosceva che le persone erano più preoccupate di mantenere il proprio lavoro che altro.

Il Data Governance Lead ha riconosciuto di avere un problema e avrebbe dovuto danzare un po' o danzare molto per far decollare il suo programma di data governance. E aveva ragione.

Il Data Governance Lead ha deciso di poter lavorare su diverse cose in una sorta di modello invisibile per spostare la sua organizzazione nella giusta direzione della data governance. Ecco cosa ha fatto mentre ballava sotto la pioggia:

1. Il Data Governance Lead ha deciso di documentare i cosiddetti "metadati di governance" sui domini, o aree tematiche, dei dati che riteneva più preziosi per l'organizzazione. Questi metadati di governance includevano cose come: quali dati preziosi esistevano in quali sistemi e database e chi nell'organizzazione ha definito, prodotto e utilizzato questi dati.

2. Ha documentato i passaggi che particolari dati hanno intrapreso per entrare negli indicatori chiave di prestazione (KPI) per l'azienda.

3. Il Data Governance Lead ha documentato come le definizioni e gli usi dei dati differissero a seconda delle persone con cui parlava o dei sistemi e dei database contenenti i dati.

4. Ha identificato e registrato le persone che sentivano di avere (o che erano riconosciute come aventi) responsabilità decisionale sui dati.

5. Il Data Governance Lead ha identificato e registrato le informazioni su ciò che l'azienda non poteva fare a causa dello stato attuale dei dati che alimentavano i KPI.

6. Fece molti altri passi per dettagliare le informazioni di cui avrebbe avuto bisogno per aiutare le persone a capire come la mancanza di una governance formale dei dati intorno ai dati stesse costando denaro all'azienda e le impedisse di ottenere il massimo valore dai suoi dati o prendere le migliori decisioni possibili.

7. Mentre il Data Governance Lead stava eseguendo i passaggi da 1 a 6, stava scoprendo separatamente i modi in cui la data governance avrebbe consentito all'azienda di risolvere problemi specifici relativi ai dati KPI.

8. Ha indirizzato efficacemente qualcosa di estremamente significativo ai manager superiori mentre ha dettagliato il business case per l'implementazione di un programma formale di data governance con risorse e tempo assegnati all'effort.

In effetti, i passaggi effettuati dal Data Governance Lead non sono stati invasivi. Non ha interferito con nessuna delle altre attività nell'organizzazione o non ha dato a nessuno lavoro aggiuntivo oltre alle loro responsabilità esistenti mentre raccoglieva le sue informazioni in modo non invasivo per sostenere la data governance.

In corso d'opera, attraverso il convincimento del suo responsabile diretto, il Data Governance Lead ha potuto incontrare per breve tempo il Chief

Operating Officer dell'azienda per condividere e spiegare i suoi risultati e il caso della data governance.

In effetti, il Data Governance Lead ha ballato sotto la pioggia finché il sole non ha brillato su di lui.

NON AVER PAURA DI BAGNARTI

Mandy, e alcune persone prima di lei, hanno detto che "La vita non è aspettare che la tempesta passi. Si tratta di imparare a ballare sotto la pioggia." Beh, piove ancora piuttosto forte in molti posti. La tua prima opzione è quella di sederti ad aspettare che smetta di piovere. E sappiamo tutti che potrebbe volerci molto tempo. Aspettare che la tempesta passi può o meno farti essere ancora lì quando le nuvole scompaiono e il sole esce ancora una volta. La tua seconda opzione è uscire e ballare sotto la pioggia. Trova le cose che puoi fare nei giorni di pioggia con un budget limitato e con mancanza di risorse. Trova i modi in cui puoi creare un programma di data governance ora, anche quando la tua organizzazione non applica consapevolmente risorse significative per mettere in atto il programma.

Ti assicuro che ci sono cose che puoi fare in questo momento, a poco o nessun costo, come ballare sotto la pioggia per aprire gli occhi del management su quanto possa essere efficace l'approccio di Non-Invasive Data Governance. Fai questo passo avanti e inizia a costruire e dimostrare risultati economici dal tuo approccio non invasivo.

Come Gene Kelly, dalla mia città natale di Pittsburgh, in Pennsylvania, una volta ha cantato e ballato sotto la pioggia, "Che sensazione gloriosa, sono di nuovo felice."

Punti Chiave

- Sebbene la data governance sia "l'esecuzione e l'applicazione dell'autorità sulla gestione dei dati", in nessuna parte di questa definizione si dice che la data governance debba essere invasiva o minacciosa per il lavoro, le persone e la cultura di un'organizzazione.

- Le responsabilità di data steward sono identificate, riconosciute, formalizzate e assunte in base alla loro responsabilità esistente piuttosto che essere assegnate o affidate alle persone come ulteriore lavoro.

- La governance dei dati viene applicata alle politiche esistenti, alle procedure operative standard, alle pratiche e alle metodologie piuttosto che essere introdotta o enfatizzata come nuovi processi o metodi.

Capitolo 3
Valore di Business della Data Governance

Data governance significa cose diverse per persone e organizzazioni diverse. Si possono trovare diverse definizioni in diversi settori industriali e non. La nicchia dei consulenti di data governance ha la loro, i grandi system integrator ne possono avere diverse, e le grandi società di consulenza globali hanno le proprie.

Tutti definiscono la stessa cosa in modi diversi. A volte le organizzazioni usano i termini "data governance" e "data stewardship" in modo intercambiabile. Altre volte, usano il termine, "non-invasive" per descrivere l'approccio che utilizzano per la data governance.

Ho la mia definizione e l'ho condivisa con voi all'inizio del primo capitolo di questo libro, ma lasciate che la ripeta qui. Per favore, lasciatemi spiegare.

La domanda più importante che richiede una risposta sulla data governance è questa:

Cosa significa governare i dati?

Per favore prendetevi un momento per pensare e rispondere a questa domanda. Sappiamo tutti che la data governance è necessaria, ma cosa significa avere i vostri dati governati?

Il punto di partenza migliore è quello di definire il termine "governare" in relazione ai dati. A tal proposito, ho preso la definizione di "governare" che si trova in FreeDictionary.com e ho aggiunto le parole "a" ("to") e "dati" ("data") riguardo a ciascuna caratteristica di identificazione —la parte della definizione che ti dice come quel termine differisce da altri termini. Associare queste due parole alle caratteristiche identificative della parola "governo" facilitano la lettura della definizione, e così facendo la si può inserire nel contesto della gestione dei dati.

Ho preso ognuna di queste caratteristiche identificative di cosa significa governare qualcosa e le ho inserite nella tabella seguente con una descrizione di ciò che significa governare i dati in relazione a ciascuna caratteristica (nota del traduttore: la tabella è stata lasciata in lingua originale inglese perché la traduzione rischiava di decontestualizzarla)

Tabella 1: Identificazione delle caratteristiche di "governare"

To make and administer the public policy and affairs of data	**Governing data means** that data policy takes the form of written and approved (this is a key point) corporate or organizational documents. **Governing data means** that you have a data governance policy. This policy may be hidden under the name of information security policy, privacy policy, or data classification policy (e.g. highly confidential, confidential, sensitive, public data, or something else). **Governing data means** that your organization leverages the effort invested in development and approval of the policy rather than allowing the policy to become shelf ware. As shelf ware, few people know how the policy is associated with the data they define, produce, and use daily.
To exercise the sovereign authority of data	**Governing data means** that a way exists to resolve a difference of opinion on a cross-business data issue. **Governing data means** that somebody or some group of individuals is the authority or has the authority to make decisions concerning the data. **Governing data means** that an escalation path exists from the operational to the tactical to the strategic levels of the organization for decision-making. Rarely does governing data require escalation of data issues to the executive level.
To control the speed or magnitude of data	**Governing data means** that data are shared according to the classification (confidential, sensitive, public) rules associated with that data. **Governing data means** that the creation of new versions of the same data is scrutinized closely to manage and eliminate data redundancy. **Governing data means** that people don't place critical or confidential data in harm's way by quickly, and without knowing the rules, making copies of data that fails to follow the same scrutiny and governance as data in native form.
To regulate data	**Governing data means** that appropriate processes are put in place and monitored to manage the definition, production, and usage of data at all levels of an organization. **Governing data means** that proactive and reactive processes are defined, approved, and followed at all levels of the organization. Situations where these procedures aren't followed can be identified, prevented, and resolved. **Governing data means** that the appropriate behaviors around data are

brought to the forefront of your staff members thought processes rather than being pushed to the back of their minds as an "inconvenience" or a "nice to have."

To control the actions or behaviors of data

Governing data means that appropriate processes are put in place and monitored to manage the definition, production, and usage of data at all levels of the organization.

Governing data means that proactive and reactive processes are defined, approved, and followed at all levels of the organization and that situations where these procedures aren't followed can be identified, prevented, and resolved.

Governing data means that the appropriate behaviors around data are brought to the forefront of your staff's thought processes rather than being pushed to the back of their minds as an "inconvenience" or a "nice to have."

To keep under control and to restrain data

Governing data means that access to data is managed, secured, and auditable by classification (confidential, sensitive, public) and that processes and responsibilities are put in place to assure that access privileges are granted only to appropriate individuals.

Governing data means that all individuals understand the rules associated with importing data into spreadsheets, loading data to laptops, transmitting data, or any other activity that removes data from the native source.

Governing data means that the rules associated with managing hardcopy versions of data are well documented and communicated to individuals who generate, receive, or distribute these hard copies.

To exercise a deciding or determining influence of data

Governing data means that the right people are involved at the right time for the right reasons to assure that the right decisions are made about the right data.

Governing data means that the information about who in the organization does what with the data is completely recorded, shared, and understood across the organization. This provides the ability to get the rights right.

Governing data means that a formal escalation path exists for known data issues that moves from operational (business unit specific) to the tactical (cross-business unit) to the strategic (enterprise) and to the persons identified as the authorities on that specific use of the data.

To exercise political authority over data

Governing data means that somebody or some group of people have the authority to make decisions for the enterprise about data that impacts the enterprise.

Governing data means that the political nature of decision-making is leveraged in making the tactical and strategic decisions that best benefit the enterprise.

Governing data means a formal escalation path exists for known data issues that move from operational (business unit specific) to the tactical (cross business unit) to the strategic (enterprise) and to persons identified as the authorities on that specific use of that data.

Le definizioni che ho elencato con ciascuna delle caratteristiche identificative della definizione della parola "governare" dovrebbe aiutare a ottenere un punto di partenza spiegando cosa significa governare i dati. Una volta risposto alla domanda su cosa significa governare i dati, la prossima domanda potrebbe essere:

Qual è il modo migliore per governare i dati?

E a questa domanda si può rispondere, "L'Approccio Non-Invasive Data Governance."

FAR PARLARE IL BUSINESS

Ho iniziato questo libro dicendo che molte organizzazioni cercano di ottenere il sostegno per formalizzare le attività di data governance sottolineando il valore che la data governance porta alle loro organizzazioni. Come si vedrà in questo capitolo, dare un valore alla data governance è importante per molte organizzazioni per ottenere il via libera all'attivazione di un programma.

Suggerisco di considerare ciò che *l'organizzazione non può* fare perché i dati nei sistemi, nei database e nelle risorse accumulati nel corso degli anni non consentono di farlo. Ho fornito esempi di ciò che le organizzazioni non possono fare nel Capitolo 1.

Il chiarimento del valore che si può ottenere ai vostri sponsor aziendali e l'elenco delle cose che non si possono fare a causa del mancato governo dei dati, diventa un potente uno-due di informazioni da condividere con il vostro potenziale sponsor aziendale.

CHI DEFINISCE IL VALORE?

Due gruppi primari di persone all'interno dell'azienda definiranno il modo in cui la data governance aggiungerà valore all'organizzazione:

- Primo, coloro che hanno la responsabilità di definire e sviluppare il vostro programma di data governance.

- Secondo, tutti gli altri.

Il data governance team (di cui parleremo nel capitolo 10), o quelle persone che vogliono formare un team di data governance, generalmente si assumono la responsabilità di convincere il management che la data governance è importante e che dovrebbero essere investiti tempo, risorse ed effort per mettere in atto un programma di data governance. Questi individui possono non essere un team formale all'inizio, ma hanno una chiara idea per la governance e spendono significative energie in questo senso, perché capiscono i benefici della data governance. Tutto ciò è abbastanza comune.

Non sto suggerendo che dobbiamo cambiare il modo in cui il data governance team opera quando si tratta di "vendere" il programma all'interno dell'azienda. Raccomando a questo team di collaborare con le persone nelle diverse aree di business per definire il valore della data governance per l'organizzazione. Il team deve spingere le aree di business a capire dove la data governance aggiungerà valore.

Per fare sì che le aree di business parlino in questo modo, vi consiglio di considerare questi step:

1. Educare le persone nelle aree di business su cosa sia la data governance e l'approccio che si sta adottando come organizzazione per raggiungere l'obiettivo.

1. Porre a domande specifiche per stimolarli a parlare di cose che non possono fare e delle questioni che vivono giorno per giorno per quanto concerne i dati che definiscono, producono e utilizzano.

2. Tenere traccia delle persone con cui si parla e documentare cosa hanno detto. Ciò dimostra che il valore è definito dalle risorse dell'azienda piuttosto che dal team di data governance.

Questo suona abbastanza facile sulla carta, ma cerchiamo di analizzare velocemente ognuno di questi passaggi.

EDUCARE L'AZIENDA RELATIVAMENTE L'APPROCCIO ALLA DATA GOVERNANCE

Questo step richiede di definire l'approccio in anticipo e che questo sia pratico e praticabile nell'organizzazione. L'approccio includerà spesso una best practice, un modello operativo di ruoli e responsabilità, un piano d'azione e un piano di comunicazione. L'approccio include spesso un catalogo dei dati e dei relativi steward e la definizione di un piano per l'implementazione della data governance sia per processi esistenti, sia per quelli nuovi.

Questo è uno dei temi dove l'approccio "non-invasive" alla data governance aggiunge il maggior valore. Iniziare con il "Messaggio per il Management" del capitolo 1 per garantire che la data governance non è solo comando e controllo.

I dati sono un problema aziendale universale. Molte aree di business daranno tempo affinché si possa introdurle alla materia e al tuo specifico approccio alla data governance se:

- Riconoscano un problema nella forma di qualcosa che non riescono a fare.

- Credono che aggiungerai valore a quello che fanno.

- Sanno che hai mente i loro migliori interessi quando lavori con loro.

CAPIRE COSA IL BUSINESS NON PUÒ FARE

Quando si hanno conversazioni con persone delle diverse aree di business, la vostra missione dovrebbe essere quella di arrivare alla radice di come la formalizzazione di disciplina relativa ai dati aggiungerà valore a quello che fanno. Quindi, cominciamo da lì:

- Chiedete loro cosa non possono fare a causa della mancanza di disponibilità dei dati, della qualità o delle loro conoscenze sui dati stessi.

- Chiedete loro da dove ottengono i loro dati, come passano il loro tempo a lavorare con i dati e se ci sono cose che potrebbero essere rese più facili. Queste domande si focalizzano sui loro problemi.

- Chiedete alle aree di business di darvi il permesso di utilizzare quello che vi dicono nei prossimi step progettuali.

Far in modo che le aree di business dicano al team di data governance il valore della data governance richiede un grosso sforzo. Se le aree di business capiscono che il team sta lavorando per migliorare le loro attività, questo consentirà al team stesso di lavorare di più sul programma e meno sulle attività necessarie per venderlo all'interno dell'azienda.

DOCUMENTARE IL "VALORE DI BUSINESS" PARTENDO DAL BUSINESS

L'ultimo passaggio consiste nel documentare e utilizzare le informazioni che si ottengono dalle aree di business. Funziona ancora meglio se le stesse aree di business lavorano per convincere i propri senior manager sulla necessità di implementare la data governance. Sappiamo tutti che questo non accade naturalmente. In genere, qualcuno deve forzare il problema.

Tenete un registro delle persone e delle aree di business contattate. Documentate in modo specifico come hanno risposto alle domande dei paragrafi precedenti e collegate le persone con ciò che hanno detto. Se vi hanno dato il permesso nel passaggio precedente, non abbiate paura di citarli nella vostra presentazione di queste informazioni al management. Rendete chiaro al management che i dirigenti possono rivisitare ciò che le persone hanno detto per sostenere il loro valore di business.

Documenta il valore di business atteso da ciò che hai raccolto, utilizzando una formula che sia facilmente comprensibile per l'organizzazione o le affermazioni di valore di business condivise nella sezione successiva.

CASE STUDY: UN PLANT MANAGER HA BISOGNO DI UNA SOLUZIONE DI DATA MANAGEMENT

Ogni tanto capita un business meeting in cui una persona di business condivide informazioni che aiutano la persona che ha convocato il meeting con la sua missione, qualunque essa sia. Permettetemi di condividere un esempio con voi qui.

Un'azienda manifatturiera stava lavorando per ottenere il supporto per il suo programma di data governance da un numero selezionato di plant managers:

alcuni si trovavano negli Stati Uniti, e molti altri si trovavano in stabilimenti in Europa.

Nella prima riunione di lavoro con un plant manager, il data governance manager iniziò l'incontro spiegando la data governance e l'approccio non-invasive. Il plant manager recepì tutto quello che gli fu spiegato da me e dal data governance manager e sembrò fin da subito un incontro positivo, dove tutte le informazioni venivano accettate abbastanza bene.

Infatti, il plant manager ci disse che aveva apprezzato di averlo messo nel nostro programma e ci ringraziò del tempo che gli avevamo dedicato: ci disse inoltre che aveva compilato un elenco di cose che non poteva fare perché i dati a disposizione della sua organizzazione non supportavano quello che avrebbe voluto fare.

Il plant manager condivise che lui, e quindi l'azienda, non era stato in grado di individuare il luogo migliore per la fabbricazione di determinati prodotti in base al costo delle materie prime e ai costi di trasporto di tali materie prime all'impianto. Egli ha poi spiegato che non poteva confrontare i costi tra le diverse regioni quando si trattava di distribuire prodotti realizzati da diversi impianti nelle vicinanze. Aveva una lista di problemi di business che riguardavano tutti la necessità di accedere ai dati per supportare decisioni chiave come queste.

All'epoca, suggerii al mio cliente che avremmo dovuto usare ciò che il plant manager ci aveva detto e come pensava che la data governance avrebbe aggiunto valore aziendale, affrontando le questioni che aveva sollevato. Consigliai anche di utilizzare queste informazioni nelle riunioni con gli altri plant manager per farli ragionare allo stesso modo.

Far parlare le persone dell'azienda diminuì la necessità per il team di data governance di sviluppare un business case. Il team di data governance, invece, ha la responsabilità di ottenere queste informazioni per le persone che stanno prendendo le decisioni. Lasciare che sia il business a creare il caso per la data governance, fa sì che nessuno possa dire che la data governance sia un progetto

IT destinato esclusivamente a benefici in ambito IT. Data governance diventa una soluzione di business.

ESEMPI DI DEFINIZIONI DI "BUSINESS-VALUE"

Se utilizzato nel mondo business, il termine "value statement", può essere inteso come una definizione che dimostra una relazione causa-effetto tra un'azione e il valore di business che ne deriva. Chiunque sia stato un consulente o un dipendente (o chiunque abbia cercato di convincere qualcuno a fare qualcosa) ha usato un "value statement", un'affermazione di valore, per dimostrare la necessità di qualche tipo di sforzo.

Nelle organizzazioni o nelle aree di business relative all'Information technology (IT), i "value statement" aiutano a convincere il senior management ad utilizzare un nuovo tipo di tecnologia, per investire denaro in un nuovo software, per eliminare i sistemi ridondanti. I "value statement" sono utilizzati anche per sviluppare o migliorare un sistema di business intelligence o un'iniziativa di un nuovo data warehouse e per altre situazioni che richiedono un certo livello di finanziamento. I "value statement" sono ora diventati un importante contributo per convincere i dirigenti di aziende e organizzazioni che dovrebbero perseguire la progettazione e lo sviluppo di una data governance.

Un "value statement" relativo alla Non-Invasive Data Governance può essere definito come rapporto causa-effetto tra formalizzare i livelli di governance esistenti (e mettere in atto un programma "non minaccioso" per governare i dati) e il valore per il business che si guadagnerà governando i dati in questo modo.

FORMULE PER I VALUE-STATEMENT

Nel corso degli anni ho usato una serie di "value statement" per dimostrare il valore dei programmi di Non-Invasive Data Governance ai clienti. La formula che utilizzo per il "Non-Invasive Data Governance value statement" è molto semplice:

Organizzazioni che fanno (X) dimostrano[1] miglioramenti del valore di business attraverso (Y).

Dove (X) rappresenta azioni chiaramente definite e (Y) riflette i miglioramenti per il business derivanti dalle azioni.

In linea con l'approccio Non-Invasive Data Governance, ho mantenuto la formula per i "value statement" corta e semplice, perché altrimenti potrebbe apparire molto più complesso estrarre valore da un programma di data governance di quanto non sia. Preferisco mantenere i miei "value statement" a due parti per ridurre l'apparenza di complessità.

Il punto di forza di questa formula è dimostrare che utilizzando uno strumento semplice come un "value statement" si può articolare semplicemente il valore di un Non-Invasive Data Governance program ai senior management o a chiunque possa influenzare il cambiamento in un'organizzazione.

BUSINESS VALUE STATEMENT PER LA NON-INVASIVE DATA GOVERNANCE

Ecco un elenco di "business value statement" relativi all'approccio Non-Invasive Data Governance che ho utilizzato in una presentazione. La componente (X) della mia "value statement formula" viene visualizzata in **grassetto**, e la componente (Y) in *corsivo*.

1. **Organizzazioni che dispongono di senior manager e leader di business unit che comprendono, supportano e gestiscono un approccio Non-Invasive Data Governance e i relativi programmi** *si assicurano meno rischi e una migliore accettazione da parte del personale intorno alla gestione dei dati per il successo a breve e lungo termine del programma.*

   - **Organizzazioni che identificano, registrano e rendono disponibili informazioni sulle persone che definiscono, producono e utilizzano dati aziendali sia critici che di base**

---

[1] *Dimostrare* o qualche altro verbo.

dimostrano un coordinamento, una cooperazione e una comunicazione efficienti ed efficaci relativamente a questi dati.

- **Organizzazioni che documentano in modo strutturato le informazioni su elementi di dati critici aziendali** *dimostrano una migliore comprensione relativamente all'uso di business di questi dati.*

- **Organizzazioni che migliorano la loro capacità di condividere informazioni sui dati** *mostrano una migliore capacità di rispondere ai cambiamenti nei requisiti normativi e di audit.*

- **Organizzazioni che si assicurano che le persone appropriate siano coinvolte in attività specifiche di data management** *dimostrano la capacità di eliminare duplicazioni e usi impropri dei dati e migliorano la loro capacità di integrare i dati in base agli standard degli elementi critici aziendali.*

- **Organizzazioni che definiscono e seguono i processi impostati e le procedure operative standard per la gestione dei dati, - tra cui la richiesta, la condivisione, la definizione, la produzione e l'utilizzo dei dati,** — *dimostrano la capacità di garantire che i dati siano condivisi in base ai requisiti di classificazione degli stessi (dati privati, pubblici e sensibili).*

- **Organizzazioni che definiscono e formalizzano le responsabilità di data governance nella daily routine e metodologia** *velocemente vedono i processi associato alla data governance come abituali e non minacciosi piuttosto che come uno sforzo aggiuntivo al lavoro esistente.*

- **Organizzazioni che creano, comunicano in modo efficace e applicano policy di data management severi** *si assicurano i minori livelli di rischio di impresa quando si tratta di gestione dei dati e valutazione di conformità dei dati.*

THE BOTTOM LINE

Nello spirito delle "value statement" discusse in questo capitolo, condivido con voi una rapida conclusione relative all'uso delle stesse per dimostrare come un programma di Non-Invasive Data Governance sia a beneficio dell'organizzazione.

- **Organizzazioni che implementano programmi di Non-Invasive Data Governance** *in genere cercano il ritorno sull'investimento e l'impatto sui profitti in diverse aree: efficienza ed efficacia relative alla risoluzione dei problemi sui dati, rispetto di compliance e audit, enterprise risk management, management, e rafforzamento delle capacità di decision-making degli addetti, piuttosto che in dollari e centesimi.*

CASE STUDY: MANAGEMENT DÀ IL VIA LIBERA PER UN DATA GOVERNANCE PROGRAM

Una società di telecomunicazioni mi ingaggiò per supportarla nell'implementazione del loro programma di data governance in modo non invasivo. Questa società aveva avuto un problema nel comunicare il valore della data governance e l'impatto che la data governance avrebbe avuto sulla capacità di conservare e ampliare in modo efficace la base clienti attraverso i dati a loro disposizione.

L'azienda voleva mostrare la relazione causa-effetto della data governance come primo passo per convincere il senior management che era necessario un programma di implementazione. L'uso di un business value statement è stato l'approccio deciso.

In breve tempo e attraverso una sessione in cui ho operato da facilitatore, l'azienda è stata in grado di articolare chiaramente, utilizzando la formula descritta in precedenza in questo capitolo, diverse cause ed effetti della data governance specificamente focalizzati sulla loro missione.

L'azienda comprese che se senior and business management avessero capito meglio l'importanza della data governance e avessero supportato il programma di data governance, questo avrebbe avuto maggiori possibilità di successo a lungo termine. Così, crearono una value statement aziendale, simile al primo esempio che ho condiviso, diretto alla loro organizzazione.

L'azienda ha riconosciuto l'importanza dei metadati per l'implementazione del suo programma di data governance e ha creato business value statement simili alla seconda e alla terza presentate non appena condivisi con loro la necessità di condividere metadati efficaci.

L'azienda adottò una "Carta dei Diritti" relativa alla data governance (Vedere il capitolo 12), e coinvolse le persone giuste per risolvere i problemi di dati giusti, al momento giusto e utilizzando i dati giusti. Ciò ha portato alla risoluzione di tutti i loro problemi. L'azienda sviluppò alcuni "business value statement" incorporando le migliori idee dagli statement elencati precedentemente relativamente all'impatto che queste dichiarazioni avrebbero sull'attività di mantenimento e aggiunta di nuovi clienti.

Punti Chiave

- I responsabili del programma di data governance nell'organizzazione devono intervistare gli uomini del business relativamente al valore che si aspettano di ricevere dalla data governance.

- Le due componenti principali di un valore aziendale da condividere con gli sponsor aziendali della data governance per l'organizzazione sono 1) Cosa il business non può fare a causa dei dati che non supportano l'attività, e 2) Il valore che ci si aspetta da un'implementazione formale di un programma di data governance.

- La formula per la costruzione di un business value statement è: Organizzazione che fa (X), *dimostra* il miglioramento del valore per il business attraverso (Y).

Capitolo 4
Pianificate il vostro programma di Data Governance

Diversi anni fa, ho lavorato con un cliente negli Stati Uniti e in Europa per sviluppare una serie di principi fondamentali associati alla data governance. I principi a cui siamo arrivati rappresentano una visione limitata e semplificata di ciò che la sua organizzazione voleva realizzare implementando un programma formale di data governance.

Il nostro intento e la nostra speranza era ottenere il supporto del più alto livello organizzativo nella condivisione dell'importanza di questi principi e del bisogno da parte dell'azienda di realizzare ciò che i principi affermavano. Ci attendevamo inoltre che il senior management sottoscrivesse il "policy statement", cosa per cui i nostri principi erano il fondamento.

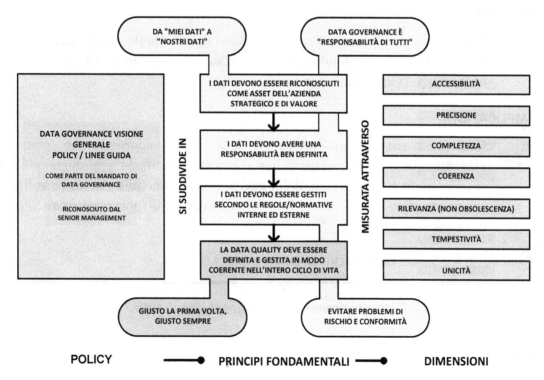

Ho usato questi principi in gran parte delle mie consulenze e in molte delle mie presentazioni e webinar, perché penso che le organizzazioni con cui interagisco dovrebbero considerare questi principi come un modo semplice per descrivere le basi della data governance nella speranza che il senior management li condivida.

Il grafico nella pagina seguente illustra come una policy di data governance può essere scomposta in principi fondamentali che possono essere supportati dalle dimensioni della qualità dei dati. Il grafico include Tag Lines (rapida formulazione per aiutare a ricordare ogni principio) in box attaccati ad ogni principio. Una spiegazione di ogni principio segue il grafico.

PRINCIPIO 1: RICONOSCERE I DATI COME UN ASSET DI VALORE E STRATEGICO PER L'AZIENDA

Da "Miei Dati" a "Nostri Dati"

RAZIONALE

- I dati costituiscono una preziosa risorsa aziendale. Dati precisi e tempestivi sono il fondamento decisivo del decision-making e del customer service in un'azienda.

IMPLICAZIONI

1. Occorre gestire attentamente i dati per assicurarsi che siano chiaramente definiti, accessibili e controllati in modo appropriato. Il management e il personale della compagnia devono poter contare sulla precisione dei dati ed essere in grado di averli a disposizione quando e dove necessario.

PRINCIPIO 2: ASSEGNARE CHIARAMENTE LA RESPONSABILITÀ SUI DATI

La Data Governance è "Responsabilità di tutti."

RAZIONALE

- La maggior parte dei dati ha valore per un'organizzazione ben oltre l'uso di un'applicazione specifica. Un'azienda richiede che i dati siano condivisi e integrati a livello aziendale, in linea con le politiche in materia di sicurezza e privacy.

- I dati devono essere ben definiti per essere condivisibili. Inoltre, i dati che possono essere condivisi a livello aziendale devono essere definiti in modo coerente in tutta l'azienda, con descrizioni chiare a disposizione di tutti gli utenti.

- Un ampio accesso ai dati porta all'efficienza e all'efficacia nel processo decisionale e fornisce una risposta tempestiva alle richieste di informazioni e alla fornitura di servizi.

IMPLICAZIONI

- Dai dati condivisi si ottengono decisioni migliori. Mantenere un'unica fonte di dati tempestivi e accurati è meno costoso rispetto alla gestione di diverse origini di dati non univoche. I dati sono più coerenti se definiti con requisiti cross-business. Le differenze sintattiche e semantiche tra i database saranno ridotte al minimo e le applicazioni saranno più portabili. Inoltre, il data management può modificare l'ambiente dei dati in base alla modifica di requisiti o condizioni, con un impatto minimo sulle applicazioni.

- I dati devono essere protetti da usi e divulgazioni non autorizzate. Processi, procedure e metodi automatizzati devono essere utilizzati per garantire la sicurezza dei dati.

- L'accesso ai dati deve essere eseguito attraverso interfacce opportunamente definite per garantire la corretta comprensione e l'utilizzo degli stessi.

- Per consentire la condivisione dei dati, il team di data governance, con la collaborazione dei data domain steward e delle aree di business, deve sviluppare, rispettare e comunicare un insieme comune di definizioni, policy e standard. Le definizioni comuni dei dati costituiscono la base per le interfacce di sistema e gli scambi di dati. Un vocabolario comune aumenta il valore delle definizioni.

PRINCIPIO 3: GESTIRE I DATI PER SEGUIRE LE REGOLE E LE NORMATIVE INTERNE ED ESTERNE

Evitare problemi di rischio e conformità

RAZIONALE

- Le normative e i regolamenti vigenti richiedono la salvaguardia, la sicurezza e la privacy delle informazioni personali.

- La condivisione degli open data, la gestione dell'accessibilità e il rilascio di dati e informazioni deve essere bilanciato con la necessità di limitare la disponibilità di informazioni proprietarie o sensibili.

- I "data owner", nel ruolo di "data domain steward", sono responsabili della qualità dei dati, della definizione, della sicurezza, della privacy, della standardizzazione e dell'uso appropriato dei dati nei loro domini.

IMPLICAZIONI

- Per migliorare la qualità e il valore dei dati — ed evitare problemi di rischio e conformità — le responsabilità e le regole per la definizione, produzione, ed utilizzo dei dati devono essere formalizzate, gestite e comunicate a tutte le parti interessate.

- Il team di data governance deve essere responsabile della registrazione e della comunicazione delle informazioni sulle responsabilità individuali all'interno dell'azienda in materia di data management.

- Il team di data governance deve lavorare con le aree di business per garantire che le normative pertinenti siano documentate e comunicate alle funzioni interessate.

PRINCIPIO 4: DEFINIRE E GESTIRE IN MODO COERENTE LA QUALITÀ DEI DATI NEL LORO CICLO DI VITA

Giusto la Prima Volta, Giusto Sempre

RAZIONALE

- Gli standard di qualità per i dati devono essere ben definiti per identificare, registrare, misurare e segnalare la qualità dei dati.

- Gli standard di qualità si concentreranno sulla misurazione dei processi aziendali e dei miglioramenti decisionali derivanti da dati completi, pertinenti e unici.

- I dati critici per l'azienda devono essere costantemente testati rispetto agli standard in tutta l'azienda, standard che devono essere compresi e a disposizione di tutti.

- I data owner, nel ruolo di domain steward, sono responsabili delle definizioni degli standard di dati e loro uso appropriato per quel che riguarda i loro domini.

IMPLICAZIONI

- Per migliorare la qualità dei dati, il data governance team, con la collaborazione dei data domain steward e delle aree di business, devono sviluppare, rispettare e comunicare un insieme comune di norme.

- Standard comuni per i dati sono la base per le interfacce di qualità dei sistemi da cui dipende l'uso dei dati. Un luogo comune per registrare gli standard di dati aumenterà la capacità di migliorare la loro qualità.

La verità è che più semplice è il nostro rispetto dei concetti relativi alla data governance, più è facile per le persone delle nostre organizzazioni capire di cosa si occupa la data governance. Sentitevi liberi di utilizzare i principi di base che ho descritto qui o derivarne di propri per descrivere in modo semplice la missione di un programma di data governance sostenibile.

DATA GOVERNANCE MATURITY MODEL

Molte organizzazioni con cui ho lavorato mi hanno chiesto di rivedere una versione del SEI Capability Maturity Model (CMM) applicato alla disciplina della data governance. Recentemente il CMMI© ha introdotto il Data

Management Maturity (DMM) "per supportare le organizzazioni che cercano di valutare e migliorare le loro pratiche di data management."

Secondo il CMMI©, il Data Management Maturity Model (DMM) è stato progettato per colmare il divario legato a differenti prospettive tra business e IT in materia di data management. Fornisce un linguaggio comune e un framework che mostra il livello di maturità dell'azienda in tutte le discipline fondamentali data management, offrendo un percorso graduale verso il miglioramento "su misura" per le strategie di un'organizzazione in materia di gestione dei dati, i punti di forza e le priorità. Definisce la maturità nel data management in aree di processo specifiche (discipline) raggruppate per categorie.

Allineerò questo modello ben noto con molti aspetti dell'approccio Non-Invasive Data Governance che ha aiutato molte organizzazioni a implementare con successo programmi di data governance.

Considerate questa elegante descrizione del Capability Maturity Model© da Wikipedia:

> *Il Capability Maturity Model®, un marchio registrato dalla Carnegie Mellon University (CMU), è un modello di sviluppo creato dopo lo studio dei dati raccolti dalle organizzazioni che lavoravano con il U.S. Department of Defense, che ha finanziato la ricerca. Questo modello è diventato la base su cui la Carnegie Mellon creò il Software Engineering Institute (SEI). Il termine "maturità" riflette il grado di formalizzazione e ottimizzazione dei processi, da pratiche ad-hoc, a step formalmente definiti, alle metriche dei risultati gestiti, all'ottimizzazione attiva dei processi.*

Se applicato da un'organizzazione ai processi di sviluppo di un software, questo modello permette di avere un approccio efficace per migliorarli. Se applicato ai processi e alla struttura di data governance, questo modello può essere utilizzato anche per migliorare sia i processi, sia le strutture. Presto si comprese come questo modello possa essere applicato anche a molti altri processi. Questo ha dato origine a un concetto più generale qui descritto, che viene applicato a molte aree di business.

Nella pianificazione della loro evoluzione del modello di data governance in modo sistematico, molte aziende utilizzano il Maturity Model per pianificare e monitorare il percorso di cambiamento determinando quale livello è più appropriato per l'azienda e per la sua tecnologia, nonché come e quando procedere da un livello al successivo. Ogni fase richiede determinati investimenti, principalmente nell'uso delle risorse interne. I vantaggi di un programma di data governance aumentano e i rischi diminuiscono man mano che un'organizzazione procede attraverso ogni livello di maturità nella data governance.

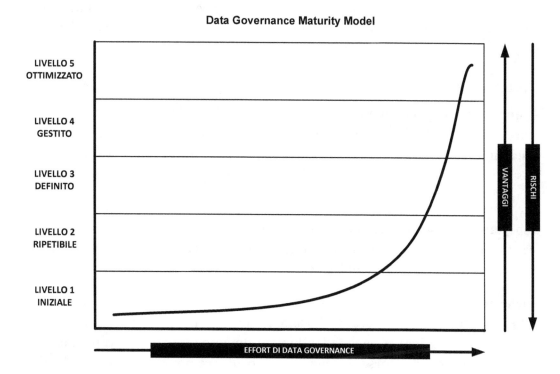
Data Governance Maturity Model

LIVELLO 1 – INIZIALE

I processi a questo livello sono in genere privi di documentazione e in uno stato di cambiamento dinamico. Tali processi tendono ad essere guidati in modo ad-hoc, incontrollato e reattivo da parte di utenti o eventi. Tutto ciò costituisce un ambiente caotico o instabile per i processi.

L'organizzazione di Livello 1 manca di regole o procedure rigorose per quanto riguarda la data governance. I dati possono essere presenti in più file e database, possono essere utilizzati in più formati noti e sconosciuti, e possono essere archiviati in modo ridondante su più sistemi con nomi diversi e utilizzando tipi di dati diversi. Non sono presenti nessun tipo di metodologie, e sono stati fatti pochi, se non nessuno, tentativi di catalogare ciò che esiste. I report vengono sviluppati in tempo reale come richiesto dalle business unit.

La qualità dei dati in un'organizzazione di Livello 1 dipende dalle competenze degli analisti, dei tecnici IT e degli sviluppatori. Un'organizzazione di Livello 1 non ha consapevolezza dell'impatto delle attività sui dati. Ciò causa il possibile annullamento di progetti, o peggio ancora, porta a implementazioni o aggiornamenti di software pacchetto con dati gravemente danneggiati, report non validi, o entrambi. Circa il 30-50% delle organizzazioni si trova al Livello 1.

LIVELLO 2 – RIPETIBILE

A questo livello, alcuni processi sono ripetibili, possibilmente con risultati coerenti, anche se è improbabile che questi siano rigorosamente definiti e disciplinati. Dove questa disciplina esiste, può aiutare a garantire che i processi esistenti siano agiti anche durante i periodi di stress.

Per passare dal Livello 1 al Livello 2, un'organizzazione deve iniziare a rispettare le best practice per la data governance. In questo ambito, le best practice in genere definiscono da quattro a sei pratiche su cui è stato costruito il piano d'azione di data governance.

Anche se le organizzazioni di Livello 2 seguono una sorta di programma di data governance, in generale, devono ancora istituzionalizzarlo: i piani di queste organizzazioni si basano fondamentalmente su persona "centrale" o un gruppo limitato di persona che cercano di comprendere i problemi e implementare la data governance in modo affidabile e coerente. Ciò si manifesta con la creazione della funzione del team di data governance.

Il successo delle organizzazioni di Livello 2 dipende dalle competenze degli analisti che gestiscono gli aspetti tecnici dei dati. Sebbene le differenze tra gli aspetti di business e quelli tecnici relative ai data siano usuali, ma non sempre correttamente compresi a certi livelli, gli sforzi per documentare e "catturare" il valore dai dati sono minori. Esiste poca o nessuna differenziazione tra la progettazione dei dati logici e fisici.

Le organizzazioni di Livello 2 iniziano a istituire procedure di data governance incentrate su un tipo specifico di dati utilizzati per la creazione di report sulle business unit. Il passaggio da un'organizzazione di Livello 1 a una di Livello 2 incorporerà elementi di dati specifici nella ristrutturazione nel datawarehouse.

Circa il 15-20% delle organizzazioni si trova al Livello 2. Con l'implementazione di un progetto di data governance, e la possibilità di ripetere questi stessi passaggi per le future attività di un programma di data governance, l'organizzazione sarà sulla buona strada per passare al Livello 3.

LIVELLO 3 – DEFINITO

Questo livello comporta la strutturazione di processi standard definiti e documentati, soggetti a un certo grado di miglioramento nel tempo. Questi processi standard sono in atto—vale a dire, i processi AS-IS utilizzati per stabilire la coerenza delle prestazioni in tutta l'organizzazione.

Le organizzazioni che si spostano con successo dal Livello 2 al Livello 3 sulla scala di maturità della data governance hanno documentato e stabilito un programma di data governance come componente principale del ciclo di vita dell'utilizzo dei dati e dello sviluppo dei report. Le organizzazioni di Livello 3 analizzano costantemente le applicazioni per garantire che i requisiti di qualità dei dati siano definiti e soddisfatti. Queste organizzazioni in genere comprendono il significato aziendale dei dati e hanno creato una funzione di data governance a livello organizzativo. Hanno un programma dichiarato che tratta i dati come un asset aziendale anche se non capiscono completamente cosa ciò significhi.

Il successo dell'organizzazione di Livello 3 dipende in genere dall'interazione tra le funzioni di data governance, la gestione dei progetti e l'uso corretto degli strumenti. Al contrario, le organizzazioni di Livello 1 e 2 possono disporre di strumenti, ma di solito non li utilizzano in modo coerente o corretto. A volte utilizzano i loro strumenti come "articoli da scaffale". Le organizzazioni di Livello 3 utilizzano strumenti per registrare e gestire la documentazione sulla data governance, per automatizzare i passaggi di data governance avviati dalle organizzazioni di livello 2 e per iniziare il monitoraggio e l'ottimizzazione proattiva delle prestazioni di data governance. Circa il 10-15% delle organizzazioni opera al Livello 3.

LIVELLO 4 – GESTITO

Le organizzazioni a questo livello utilizzano le metriche di processo e possono gestire e controllare in modo efficace i processi AS-IS, p.e. per lo sviluppo di software. In particolare, il management può identificare modi per aggiustare e adattare i processi a particolari progetti senza perdite misurabili di qualità o deviazioni dalle specifiche dagli obiettivi. Le capability di processo sono stabilite a questo livello.

Un'organizzazione può passare al Livello 4 solo quando implementerà una soluzione di gestione dei metadati per supportare il proprio ambiente dati. Ciò consente al data governance team di catalogare e gestire i metadati per le strutture di dati aziendali. Un'organizzazione di Livello 4 fornisce inoltre alle persone dell'information technology e agli end-user, l'accesso a quali dati esistono all'interno dell'organizzazione, con definizioni, sinonimi, omonimi e simili. Il data governance team è coinvolto in tutti gli sforzi per lo sviluppo della catalogazione dei metadati e la riduzione degli elementi di dati ridondanti. Questo è sempre vero nei modelli logici e nei modelli fisici. Ciò vale in base alle prestazioni e ai requisiti del progetto. Le organizzazioni di Livello 4 iniziano a condurre controlli dei dati per misurare la loro qualità.

Il successo dell'organizzazione di Livello 4 dipende dal commitment del top management sulla massimizzazione del concetto "data is a corporate asset". Ciò comporta trattare i dati come fossero altri "asset" aziendali, come il personale, la finanza, gli edifici, i prodotti, etc. Utilizzano strumenti avanzati per la gestione dei metadati (repositories), data quality (transformation engines), e database. Circa il 5-10% delle organizzazioni opera al Livello 4.

LIVELLO 5 – OTTIMIZZATO

I processi a questo livello si concentrano sul miglioramento continuo delle prestazioni attraverso cambiamenti e miglioramenti tecnologici incrementali e innovativi.

A questo livello, le organizzazioni utilizzano le procedure evolute nei livelli da 1 a 4 per migliorare continuamente l'accesso ai dati, la qualità dei dati e le prestazioni del database. Nessuna modifica viene mai introdotta in un archivio dati in produzione senza un controllo precedente da parte del team di data governance e documentata all'interno del repository dei metadati. Le organizzazioni di Livello 5 cercano continuamente di migliorare i processi di data governance. Meno del cinque per cento delle organizzazioni opera al Livello 5.

È possibile utilizzare il test di data governance presentato nei prossimi paragrafi per determinare il livello di maturità di un'organizzazione.

CASE STUDY: UN'ORGANIZZAZIONE VUOLE IMPLEMENTARE UN NON-INVASIVE DATA GOVERNANCE PROGRAM

Di tanto in tanto, le aziende mi chiamano per valutare la maturità dei dati delle loro organizzazioni. Questa valutazione indica loro quanto sono pronti per implementare un programma di data governance utilizzando il modello di maturità standard come quello del SEI. Per realizzare questa valutazione, una di queste aziende mi chiese di utilizzare un modello di maturità sulla data governance specificatamente sviluppato secondo le loro esigenze.

La valutazione dell'organizzazione fatta utilizzando il maturity model ha indicato che, sebbene l'organizzazione mostrasse la volontà di voler affrontare la qualità dei dati, la gestione dei metadati e la business intelligence, esistevano gravi problemi con la qualità stessa dei dati, con la documentazione e con la creazione di report. L'organizzazione mancava di regole o procedure relative alla data governance, i dati esistevano in più file e in database di formati diversi e venivano archiviati in modo ridondante in tutta l'organizzazione. Questa azienda, come il circa 30-50% di quelle menzionate in precedenza, operava al livello 1 del maturity model delle capacità.

Dal momento che il maturity model era stato sviluppato secondo le loro esigenze specifiche, la valutazione fatta attraverso approfondite interviste con le loro risorse sia di business sia tecniche e convalidata dal più alto livello della loro organizzazione, fu semplice avere il supporto e la sponsorizzazione del top management fin dalle fasi iniziali dell'implementazione di un programma di data governance cross-organizzativa.

DATA GOVERNANCE TEST

Questo test consente di eseguire un'autovalutazione dei vostri programmi di data governance. Questo tipo di test consentono di concentrarsi sulle cose significative per l'azienda, valutando onestamente il livello di risposta alle esigenze dell'organizzazione.

L'unico modo in cui il test di data governance sarà utile, è quello di rispondere alle domande con una valutazione onesta della situazione attuale. Quando farete questo test, scoprirete rapidamente che le domande poste sono in realtà "affermazioni" legate alle diverse discipline della data governance, e che le risposte che vi verrà chiesto di abbinare sono diverse da tutte le risposte che avete visto precedentemente.

Questo è un test a scelta multipla, ma il risultato si ottiene semplicemente abbinando le risposte che vi ho dato ai diversi "discipline statement" sviluppati, ancora una volta in accordo con la vostra situazione. L'obiettivo di questo esercizio è di guardare al proprio interno e capire dove vi sono già aspetti positivi e dove esistono opportunità per migliorare il governo dei dati considerandoli un asset aziendale di valore.

Prima di iniziare, occorre tenere a mente queste due domande mentre si abbinano le risposte che fornirò ai diversi "discipline statement" in base alla scala che vi mostrerò più avanti:

- In questi anni in cui abbiamo visto un aumento esponenziale della complessità relativa alla conformità normativa e al reporting, alla sicurezza delle informazioni, alla privacy, alla classificazione dei dati, alla loro integrazione, ecc., ha senso per noi continuare a governare i nostri dati come abbiamo sempre fatto o dovremmo almeno considerare come formalizzare efficacemente il modo in cui gestiamo queste risorse di dati?

- Dato che la concorrenza in tutti i settori è sempre più agguerrita e visto che ogni azienda è alla ricerca di un vantaggio competitivo utilizzando dati e informazioni, ha senso per noi continuare a governare i nostri dati come abbiamo sempre fatto, o dovremmo almeno considerare di formalizzare il modo in cui gestiamo le nostre risorse di dati?

Se tenete a mente queste due domande e valutate onestamente dove vi trovate sul continuum da 1 a 5 punti qui sotto per ciascuna delle dichiarazioni relative alle discipline della data governance, potete formulare una strategia che aiuterà a convincere i vostri senior manager a considerare di intraprendere un programma di Non-Invasive Data Governance. Nella colonna del punteggio che segue, inserite la classificazione dell'organizzazione da uno a cinque utilizzando questi criteri:

- Cinque – Siamo perfetti nel modo in cui gestiamo questo aspetto per governare i nostri dati.

- Quattro – Stiamo facendo bene nel modo in cui gestiamo questo aspetto per governare i nostri dati. Anche se non è perfetto, è accettabile per i nostri scopi.

- Tre – C'è margine per migliorare questo aspetto del modo in cui governiamo i nostri dati.

- Due – Esiste un significativo margine per migliorare questo aspetto di governare i nostri dati.

- Uno – Siamo al punto in cui, se non affrontiamo questa disciplina, saremo ad un livello sempre più elevato di rischio intorno a come governiamo i nostri dati.

Nella classificazione di ognuna di queste affermazioni per l'organizzazione, siate sinceri quando valutate la vostra situazione attuale. È consentito segnare punteggi parziali. Ad esempio, se in qualche punto siete tra "margine di miglioramento" e "margine significativo di miglioramento", sentitevi liberi di assegnarvi un 2.3 o un 2.7. Voglio che questo sia un test facile. Datevi il beneficio del dubbio, ma siate consapevoli del fatto assegnarvi un punteggio superiore non è sempre meglio. Valutarsi artificiosamente ad un livello più alto, può portarvi ad essere convinti di essere sufficientemente bravi e che non vale la pena di cercare di raggiungere un livello superiore.

Posso quasi assicurarvi che qualcuno nella vostra organizzazione ha responsabilità in ciascuna di queste aree di discipline relative ai dati. E potrebbe non essere sempre la stessa gente. Posso anche dire che solo perché qualcuno da qualche parte ha la responsabilità di queste cose, questo da solo non aumenta automaticamente il tuo punteggio. Quella persona o quel gruppo è efficace? Stanno davvero cercando con convinzione di migliorare? Hanno un piano ben strutturato?

DATA GOVERNANCE TEST

Discipline di Data Governance	Punteggio
1. **Risk Management:** Gestiamo i rischi associati ai nostri dati. L'organizzazione comprende la necessità di conformarsi rapidamente rispetto ai rischi associati ai dati e molte di queste regole provengono dall'esterno dell'organizzazione. Abbiamo una persona, uno staff di persone, o consiglio (o tutto quanto sopra) che si concentra sulla comprensione di tutti i livelli di rischio legati alla gestione dei dati. La persona/staff di persone/consiglio comunica regolarmente informazioni sul rischio di dati in modo che tutti comprendano quali sono i comportamenti rischiosi rispetto a comportamenti sicuri nel modo in cui gestiamo i nostri dati.	
2. **Data Compliance & Regulatory Control**: Come organizzazione, prestiamo molta attenzione alle problematiche di conformità normative relative ai dati che raccogliamo, usiamo, sia per prendere decisioni, sia per fare business. Qualcuno ha la responsabilità di documentare e comunicare le regole a tutti gli individui dell'organizzazione che gestiscono questi dati. Quando siamo soggetti ad un audit, siamo in grado di dimostrare chiaramente ai revisori che seguiamo le regole relative ai dati.	
3. **Information Security & Data Classification**: Come organizzazione, prestiamo una grande attenzione alla sicurezza per tutti i dati strutturati e non strutturati. Abbiamo una politica di sicurezza delle informazioni come esempio linee guida, procedure, ecc. Siamo confidenti con la nostra capacità di comunicare, differenziare e gestire dati altamente riservati, dati ad uso interno e dati pubblici, secondo le regole associate. Le persone che condividono i dati nella nostra organizzazione condividono anche le regole documentate su tali dati, e non crediamo che la sicurezza delle informazioni sia un problema.	

Discipline di Data Governance	Punteggio
4. **Metadata Management**: Abbiamo metadati per i dati più importanti che gestiamo. La nostra organizzazione sa quali dati abbiamo, dove risiedono i dati e come questi dati vengono definiti, prodotti e utilizzati nei database condivisi e sui desktop personali. Le informazioni che abbiamo sui nostri dati più importanti sono a disposizione di chiunque ne abbia bisogno. Altrettanto importante, abbiamo identificato e coinvolto persone che hanno la responsabilità formale per la definizione, la produzione e l'utilizzo dei metadati.	
5. **Data Quality Management**: La nostra organizzazione si concentra continuamente sulla qualità dei dati. Abbiamo formalizzato procedure per registrare i problemi di qualità dei dati, e abbiamo metodi proattivi e reattivi per trovare i problemi e affrontarli. E abbiamo persone responsabili per la gestione dei registri dei problemi, assegnando loro valori e priorità. Più importante, abbiamo una chiara comprensione degli standard aziendali la qualità dei dati principali che rendono più facile distinguerne il valore (alta o bassa).	
6. **Business Intelligence e Data Integration:** abbiamo un ambiente di data warehousing che sfrutta appieno i dati e viene utilizzato alla sua piena capacità. Ciò significa che le persone hanno un facile accesso ai dati, comprendono i dati e ci aiutano a migliorare continuamente la qualità dei dati. Riconosciamo che la data governance svolge un ruolo importante nel successo o nel fallimento della nostra iniziativa di data warehousing da entrambi i lati dell'equazione dell'integrazione dei dati. Comprendiamo che l'integrazione dei dati è una disciplina difficile. Ma dal momento che governiamo bene i dati su entrambi i lati—origine e destinazione—confidiamo nell'efficacia del nostro programma di business intelligence.	
7. **Master Data Management:** la nostra organizzazione ha ben chiaro che il Master Data Management (MDM) è una delle discipline di dati più efficaci e più importanti. Abbiamo identificato le persone per gestire le nostre iniziative MDM e abbiamo iniziato a identificare le tecnologie abilitanti che ci aiuteranno a gestire e condividere i nostri Master e Reference Data. Quando popoliamo il nostro ambiente MDM, è determinata la modalità per gestire il processo decisionale intorno ai master data, i metadati, le comunicazioni e l'accessibilità ai master data. Siamo in buona posizione per completare l'iniziativa master data all'interno del budget e nei tempi previsti.	

Discipline di Data Governance	Punteggio
8. **Data Governance & Data Stewardship:** Ultimo ma non meno importante, abbiamo un programma di data governance che definisce chiaramente ruoli e responsabilità a livello operativo, tattico, strategico e di supporto. Il nostro programma si concentra sullo sfruttare la conoscenza esistente relativa ai dati posseduta dai nostri data steward. L'approccio che abbiamo adottato è stato condiviso dalla nostra leadership, dagli steward, dal business e dalle risorse IT e affronta la data governance in senso proattivo e reattivo. Il nostro programma di data governance è un contributo primario al nostro successo in tutte le discipline elencate in questo test.	

COME VALUTARE I VOSTRI PUNTEGGI

Sarebbe utile analizzare i tuoi stessi punteggi e come hai effettuato l'abbinamento scala/punteggi a ognuna di queste affermazioni sulla disciplina. Ognuna delle otto aree della disciplina del data management deve essere valutata da sola. Potresti voler considerare di valutare la tua organizzazione allo stesso modo con queste discipline aggiuntive: data modeling, data mining, service-oriented architecture, cloud computing, software as a service, data mash-ups, big data, o qualunque sia la area rilevante di data management. Tutte possono essere incluse come ulteriori discipline in questo test e valutate nello stesso modo.

I seguenti breakdown dei risultati sono i passi successivi che potresti intraprendere nella tua organizzazione sulla data governance—o su qualsiasi altra disciplina.

- Se hai ottenuto un punteggio superiore a 4, la vostra organizzazione è in ottima forma, decisamente sopra la media. È importante identificare ciò che si sta facendo bene e quali aree devono essere invece migliorate. Continuate a valutare cosa state facendo bene e impiegate molto tempo a correggere la rotta e a rispondere ai cambiamenti di contesto.

- Se il vostro punteggio è compreso tra 3 e 4, la vostra organizzazione è ancora in buona forma. Ancora una volta, è importante riconoscere dove si ha spazio per migliorare. Suggerisco di definire le procedure consigliate per le aree che devono essere migliorate, sfruttare le cose che si stanno facendo bene e affrontare le opportunità di miglioramento in quanto l'organizzazione ha probabilmente già individuato e affrontato le problematiche del data management.

- Se avete un punteggio tra 2 e 3, la vostra organizzazione è matura per attivare un Non-Invasive Data Governance program. Poiché avete rilevato che esiste spazio per il miglioramento, può avere senso identificare e articolare le aree che necessitano di miglioramenti e sviluppare un piano d'azione e un piano di comunicazione per indirizzare specificamente queste aree.

- Se il punteggio è compreso tra 1 e 2, per l'organizzazione è fondamentale iniziare un Non-Invasive Data Governance program. Infatti, se non avete già iniziato a definire il vostro data governance program, i vostri dati possono probabilmente continuare ad essere un deficit per l'organizzazione, piuttosto che un asset.

COSA FARE CON QUESTE INFORMAZIONI

Noterete un ampio divario tra la scala/risposta che vale cinque punti e la scala/risposta che vale un punto. All'estremità superiore della scala, è necessario lavorare poco o nulla sulla data governance e sulle discipline dei dati elencate in questo test. Alcuni di voi possono ottenere risultati che variano ampiamente tra le otto discipline di dati. Se siete in questo caso, concentratevi sul miglioramento dei numeri con punteggi bassi e individuate come alzare la vostra media complessiva.

Se siete in un'azienda che ha realizzato un 3 o un punteggio inferiore in tutte le categorie, avete un lavoro significativo da fare:

- Identificare una o più discipline di dati specifiche dai risultati del test che richiedono un'attenzione immediata.

- Identificare punti specifici di valore aziendale da affrontare in relazione alle carenze nelle discipline dei dati che interferiscono con la capacità dell'organizzazione di aumentare il valore in tale disciplina.

- Identificare le best practice comprovate dal vostro settore per la data governance da applicare immediatamente.

- Valutare le pratiche attuali dell'organizzazione rispetto alle procedure consigliate per identificare i componenti e le opportunità di miglioramento sfruttabili.

- Documentare il divario esistente tra le pratiche attuali e le procedure consigliate, i rischi associati a tale divario e il valore potenziale per l'organizzazione.

- Sviluppare ed implementare un framework provato di Non-Invasive Data Governance per ruoli e responsabilità.

- Utilizzare queste informazioni per fornire un piano di lavoro realizzabile e un piano di comunicazione efficace per affrontare la governance dei dati in relazione alla disciplina o alle discipline dei dati.

- Acquisire valore lavorando con qualcuno che ha già lavorato su questo tipo di percorso.

Se partire con un grande programma di data governance è un boccone troppo grande da digerire per la tua azienda, allora si consiglia di iniziare dall'implementazione di un programma di Non-Invasive Data Governance che si rivolge in modo specifico e coerente alle aree di data management più deficitarie e di maggior interesse per l'organizzazione.

Tieni presente le esigenze generali dell'azienda e collabora con altre iniziative di data governance esistenti o iniziative simili come la sicurezza, la protezione e il miglioramento della qualità dei dati. Ad un certo punto, si può raggiungere una convergenza di buone idee, e sarà più facile andare incontro alle esigenze generali dell'organizzazione.

CONCLUSIONE DEL TEST

Si può guardare a questo solo come un self-help test. Spero di no. Con questo test, ho realizzato un semplice modo di autovalutazione che collega le specifiche discipline di dati identificate nel test con la vostra attuale capacità di ottenere valore o evitare i rischi associati a quella disciplina.

Come ho detto in precedenza, le persone nell'organizzazione probabilmente hanno un interesse specifico in una o più discipline di dati che abbiamo elencato. Possono avere più di interesse; possono avere la responsabilità. Collabora con loro per aiutare la tua organizzazione a procedere e ad avere successo con la data governance. Presentagli l'approccio di Non-Invasive Data Governance e i risultati di questo test. In questo modo dovremmo aver fornito il messaggio necessario per iniziare un percorso verso il successo.

Punti Chiave

- Questi sono i quattro principi della data governance:
    - I Dati sono asset.
    - I Dati devono avere una responsabilità chiaramente definita.
    - I Dati devono seguire regole e normative.
    - I Dati devono essere gestiti in modo coerente

- I cinque livelli del data governance maturity model assomigliano molto a quelli dello Strategic Engineering Institute (SEI) Capability Maturity Model:
    - Livello 1 - Iniziale
    - Livello 2 - Ripetibile
    - Livello 3 - Definito
    - Livello 4 - Gestito
    - Livello 5 - Ottimizzato

- Il Data Governance Test consente di eseguire una auto-valutazione del vostro programma di data governance per queste otto discipline:
    1. Risk Management
    2. Data Compliance & Regulatory Control
    3. Information Security & Data Classification
    4. Metadata Management
    5. Data Quality Management
    6. Business Intelligence & Data Integration
    7. Master-Data Management
    8. Data Governance & Data Stewardship.

Capitolo 5
Sviluppo delle Best-Practice e analisi delle criticità

Nel suo Libro *"The 7 Habits of Highly Successful People: Powerful Lessons in Personal Change"* (Ed. Italiana *"Le sette regole per avere successo"* ndt), Stephen Covey sottolinea che una delle regole fondamentali è "begin with the end in mind" ("iniziare con in mente lo scopo finale"). Questa non è solo un'abitudine delle persone di successo ma lo è anche per le organizzazioni di successo. La linea da seguire è questa: prima di provare a realizzare qualsiasi cosa è necessario definire un piano di azione chiaro e dettagliato. Mapquest.com è in grado di darti indicazioni solo se hai in mente l'obbiettivo da raggiungere e gli dici dove stai puntando ad arrivare. Quando si sviluppa un piano di azione per un programma di Data Governance, è necessario mappare i risultati che si vogliono ottenere, nonché lo stato e l'organizzazione futura. Tutto questo ci porta alle best practice per la Governance dei Dati.

Le best practice per la Governance dei Dati costituiscono la base e le line guida per l'esecuzione ottimale di un programma di Data governance. Le Organizzazioni che hanno implementato con successo programmi di Governance dei Dati, hanno iniziato con la definizione di un numero limitato di Best Practice. Una volta che hanno definito le loro Best Practice, hanno completano la valutazione del rischio per identificare le differenze tra ciò che è stato definito con la Governance dei dati e le pratiche attualmente utilizzate, in modo da poterne valutare i rischi associati alla diversa modalità di gestione. Inoltre, definiscono un piano di azione per eseguire il programma di Data Governance.

DEFINIRE LE BEST PRACTICE

Quando si definiscono le best practice, occorre utilizzare uno di questi criteri per determinare se una pratica può essere considerata una Best practice per la propria Organizzazione:

1. È possibile adottare la best practice nella situazione attuale?

2. Il programma sarà a rischio se la Best Practice non verrà applicata?

Affinché la pratica sia considerata una Best Practice, devi essere in grado di rispondere di "SI" a queste due domande. Mentre leggi gli esempi di Best Practice che vengono riportati di seguito, tieni a mente queste due domande. Chiediti se la tua organizzazione risponderebbe con un "SI" a queste domande riportate come esempio.

ESEMPI DI BEST PRACTICE

Gli esempi riportati di seguito di Best Practice, si verificano ripetutamente in molte Organizzazioni di tutti i settori:

- Affinché la Governance dei Dati abbia successo, la Dirigenza deve supportare, sponsorizzare e comprendere le attività che vengono svolte dal team di Data Governance. Inoltre, deve evidenziare il valore aggiunto del data Governance, attraverso esempi specifici ed i ruoli definiti nel modello di Data Governance.

- Il personale, su base continuativa è impegnato nella definizione, sviluppo, sostenibilità ed esecuzione del programma di Data Governance.

- Per il reporting aziendale vengono applicati in modo coerente e continuo i principi di Data Governance.

- Gli obiettivi, le aspettative, il grado di successo, i ruoli e le responsabilità del Data Governance, sono ben definiti e condivisi con le business unit strategiche e funzionali.

Occorre pensare a queste informazioni come criteri condivisi nella sezione delle Best Practice. Nel primo esempio, ti potresti chiedere "E' pratico e fattibile che gli alti livelli del senior management supportino e comprendano la Governance dei Dati?" Sempre per il primo esempio, ti dovresti chiedere "Il nostro programma di Data Governance è a rischio se non avremo il supporto della Dirigenza?"

La risposta a questa domanda dovrebbe essere "SI". È possibile formare il senior management. Senza il suo supporto, si è più esposti al rischio di insuccesso. Questi due criteri sono molto importanti per la definizione delle Best Practice di Data Governance per l'Organizzazione.

SCOPRIRE ATTRAVERSO INCONTRI E INTERVISTE

É importante rivedere le Best Practice e capire a che punto si trova la tua Organizzazione rispetto ad esse, in particolare con le persone tecniche e di business. Il modo migliore per completare questa analisi è quella di effettuare interviste e sessioni di domande e risposte con una buona rappresentanza di persone del business management che saranno identificate come data steward e IT management.

Prima delle riunioni, si consiglia di distribuire le appropriate Best Practice alle persone coinvolte in modo che possano avere un'opinione personale positiva o negativa. É opportuno ricordare che, le Best Practice devono essere di facile comprensione e di facile accordo, in modo da avere un buon punto di partenza per le riunioni e ridurne la tempistica.

Le Best Practice devono essere scritte in modo che le persone possano rispondere di "SI" alle domande, in questo modo è molto probabile che si ricevano proposte su come riformulare le pratiche invece che feedback negativi. Le Best Practice dovrebbero essere facili da comprendere e accettare. Spesso si rileva utile includere tre domande quando si distribuiscono le Best Practice per la revisione prima dell'incontro.

Durante la riunione, occorre chiedere alle persone coinvolte cosa sta facendo l'Organizzazione o una parte di essa per supportare le Best Practice. Inoltre, è bene domandare cosa secondo loro impedisce la possibilità di seguire le Best Practice e dove è possibile apportare miglioramento. Questo alimenterà le fasi successive della valutazione.

REGISTRA I PUNTI DI FORZA

Sembra ovvio, ma è necessario menzionare l'importanza di sfruttare i punti di forza che trovi durante la fase di scoperta. L'obiettivo è quello di identificare e registrare le attività degli steward che supportano le Best Practice nella tua Organizzazione. L'aspetto del registrare è fondamentale perché:

- Puoi utilizzare i punti di forza annotati come un solido punto di partenza. Se le persone stanno già svolgendo il ruolo di data steward non cambiarlo. Dove i processi supportano le Best Practice definite, non occorre cambiare nemmeno questi. La lista dei punti di forza può essere un buon punto di partenza per la discussione con le persone che diventeranno data steward e per assicurare le persone che non devono sentirsi minacciate dal comportamento futuro della Data Governance.

- I punti di forza registrati possono dimostrare al senior management che è già stata impostata una base di Data Governance e che il piano di azione – l'ultimo step - non cambierà ciò che non deve essere cambiato. Come disse l'autore e politico Lucius Cary, Second Viscount Falkland, "Quando non è necessario cambiare, è necessario non cambiare".

REGISTRA LE OPPORTUNITÀ PER MIGLIORARE

Il termine "Opportunità per migliorare" viene considerato come un modo politicamente corretto per descrivere "le debolezze del nostro contesto attuale". In verità dice molto più di questo. L'opportunità per migliorare evidenzia le aree specifiche su cui indirizzarci che non sono in linea con le Best Practice definite. Mappare le aree in cui è necessario un miglioramento giocherà un ruolo fondamentale per lo sviluppo di un piano di azione. Il piano di azione consisterà in steps da seguire per affrontare le opportunità di miglioramento.

EVIDENZIARE I GAPS

Questo è un altro step fondamentale. Utilizza le informazioni raccolte e registrate nei due passaggi precedenti per segnalare il gap tra la situazione attuale e l'ambiente delle Best Practice comunicato precedentemente. Può sembrare ovvio, ma visto che alcune compagnie sembrano preferire l'approccio caricare-sparare-puntare, ho pensato fosse meglio menzionarlo.

Assicurati di riportare i gap in modo positivo. Certamente fai menzione degli specifici punti di forza in questo rapporto e promuovi l'idea che trarre vantaggio dalle opportunità citate nel passaggio precedente è esattamente questo: opportunità per la tua organizzazione di migliorare nella gestione dei dati.

EVIDENZIARE I RISCHI

Questo è un altro passaggio di estrema importanza. La maggioranza dei senior manager si concentrerà nella valutazione dei rischi e questi saranno generalmente ciò che vogliono gestire innanzitutto: "Dove sono i gap nel nostro programma di risk management? Nelle aree di compliance? Sicurezza? Privacy? Furti di identità? Conservazione dei dati? Disaster Recovery?"

Conoscere i punti in cui l'organizzazione è a rischio, oppure indagare dove potrebbe esserlo, apporta un notevole contributo alle domande che vengono poste al personale tecnico e di business dell'organizzazione durante la fase di indagine. Questo può essere un importante contributo all'effort di promuovere presso il senior management i concetti fondamentali della Data Governance e la necessità di formalizzare un programma di Data Governance.

PREPARARE UN PIANO DI AZIONE

Arrivato a questo punto, hai definito le Best Practice di Data Governance per la tua organizzazione e hai identificato le azioni necessarie per supportarle. Hai evidenziato le opportunità per migliorare la tua organizzazione, hai riportato i gap tra l'ambiente attuale e quello futuro ed evidenziato i rischi. Il piano di azione si dovrebbe scrivere praticamente da solo, giusto?

Bene, ma non è così semplice come può sembrare. Il piano di azione dovrebbe includere passaggi realizzabili, che possano dare supporto alle opportunità di miglioramento. Questi steps dovrebbero essere prioritari, comunicati e con risorse che ne permettano la realizzazione.

Il piano di azione deve essere scritto in modo tale che accentui le opinioni positive. L'organizzazione dovrebbe essere in grado di realizzare il piano di azione data la situazione attuale delle risorse disponibili e delle attività in corso. Il piano di azione deve essere comunicato a tutte le funzioni aziendali interessate all'interno dell'Organizzazione – fondamentalmente tutti. Inoltre, occorre che il piano venga seguito, monitorato ed i risultati devono essere sempre comunicati man mano che si procede nella sua esecuzione.

ACCORGIMENTI FINALI SULLE BEST PRACTICE

Come ho accennato nei capitoli iniziali di questo capitolo, è intelligente iniziare avendo in mente lo scopo finale. Le Best practice stabiliscono sia l'inizio che la fine. Definiscono i comportamenti target che l'organizzazione deve assumere affinché il programma di Data Governance sia sostenibile e di successo.

Tieni a mente questi tre suggerimenti e tecniche per definire le Best Practice e completare l'analisi critica e l'assessment:

1. **Non utilizzare mezzi termini**. Le Organizzazioni che seguono l'approccio Non-Invasive per la Data Governance, volutamente tendono a minimizzare il numero di parole per ogni Best Practice. Assicurati di eliminare tutte le parole che possano deviare dal vero significato di ogni Best Practice. Alcune Organizzazioni, quando definiscono le loro Best Practice, si concentrano su alcuni punti a portata, come ad esempio la protezione dei dati, il miglioramento della qualità e dell'analisi dei dati.

2. **Non c'è tempo migliore che il presente**. Scrivere nel tempo verbale presente, è il modo più efficace per descrivere le Best Practice. Questo perché le Best Practice sono un punto di partenza per l'organizzazione, in cui viene descritto lo stato attuale e vengono fissati gli obiettivi da raggiungere. Un Best Practice, che viene descritta utilizzando tempi verbali futuri, descrive un comportamento futuro che dovrà essere eseguito, ma che attualmente non viene applicato. Nel capitolo precedente, è stato detto che per seguire un approccio Non-Invasive Data Governance, nella valutazione occorre descrivere prima i punti di forza dell'Organizzazione, in modo tale che supportino le Best Practice, successivamente verranno descritte le opportunità di miglioramento (punti deboli).

3. **Underline to underscore**. Le Best practice sono spesso uno strumento per introdurre un'organizzazione agli aspetti comportamentali

dell'approccio Non-Invasive Data Governance. Per introdurre questo approccio, vengono usati solitamente termini poco comuni al personale dell'Organizzazione. Un'analisi critica e un assessment delle best practice dovrebbero definire questi termini in linguaggio semplice, comprensibile per la comunità tecnica e di business. Considera di evidenziare le parole nelle best practice che potrebbero risultare nuove per coloro che leggono le best practice e l'assessment. Fornisci un glossario di questi termini sottolineati.

Punti chiave

1. Gli steps per un assessment delle best practice sono:

    a. Definire le best practice.
    b. Effettua un'indagine
    c. Registra i punti di forza.
    d. Registra le opportunità di miglioramento.
    e. Riporta i gap
    f. Riporta i rischi.
    g. Prepara un piano di azione.

2. Esistono due criteri per determinare una Best Practice di Data Governance per un'organizzazione:

    • La best practice è praticabile e implementabile nella situazione attuale?

    • Il programma sarà a rischio se la Best Practice non verrà applicata?

3. Ricorda: non usare termini che possano deviare il vero significato delle Best Practice, non c'è tempo migliore del Presente per descrivere le Best Practice e sottolinea per mettere in evidenza.

Il modo migliore per visualizzare un modello operativo non invasivo o un framework di ruoli e responsabilità per la data governance è attraverso il diagramma piramidale riportato di seguito. Noterete che io uso il termine "modello operativo". Questo perché i ruoli e le responsabilità di un programma di Non-Invasive Data Governance svolgono un ruolo operativo cruciale nel successo o nel fallimento della data governance — dalle best practice, all'accettabilità, alla sostenibilità a lungo termine.

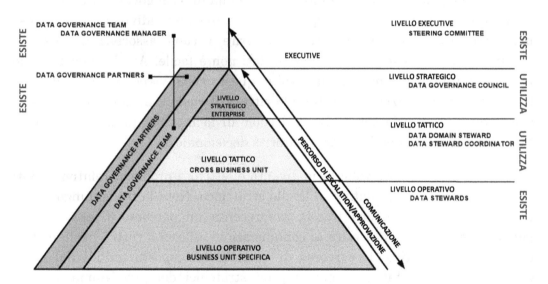

Non-Invasive Data Governance – Modello Operativo Ruoli & Responsabilità

Iniziamo affrontando il primo elemento che molte organizzazioni considerano, ovvero il modello operativo. Quando si legge il modello operativo di ruoli e responsabilità, è meglio strutturare questo modello sotto forma di piramide.

In primo luogo, lo spazio all'interno di ogni livello della piramide rappresenta i livelli decisionali per i dati. Le decisioni devono essere prese a livello operativo se queste influiscono solo su tale livello dell'organizzazione. Ciò significa che la maggior parte delle decisioni saranno prese all'interno delle aree di business che costituiscono il livello di funzionamento della piramide. Pertanto, la dimensione dello spazio all'interno del livello operativo della piramide è più grande di quelli tattici o strategici della piramide.

Quando le decisioni attraversano le diverse aree di business, queste vengono prese a livello tattico o strategico della piramide (o di parti di un'organizzazione) in cui individui e reparti hanno l'autorità di poter prendere decisioni per un'impresa in merito a una determinata area o dominio di dati. Esempi di un dominio possono essere cliente, prodotto, fornitore, finanza o sottoinsiemi di questi domini o aree tematiche.

Molte organizzazioni trovano questo l'ostacolo più difficile quando si sviluppano i ruoli all'interno del loro programma di data governance. A questo livello i "silos" di dati vengono esplosi e i dati vengono condivisi tra le business unit. Trovare le persone adatte a ricoprire i ruoli associati al processo decisionale per uno specifico gruppo di dati non è facile. A volte questo ruolo viene definito tramite policy. Altre volte, questo ruolo viene svolto al più alto livello dell'organizzazione. A volte addirittura il ruolo è assunto da qualcuno che si offre volontario per svolgere il ruolo di facilitatore in tutte le aree di business e anche se non ha alcuna autorità decisionale.

Quando questo scenario volontario diventa effettivo, i problemi relativi ai dati subiscono spesso un'escalation al livello strategico. Nota le frecce lungo il lato destro della piramide: una freccia rappresenta un percorso di escalation e l'altra rappresenta la necessità di comunicazioni efficaci a tutti i livelli e ruoli del modello operativo. Il percorso di escalation si sposta quindi dal ruolo operativo a quello tattico e poi ai ruoli strategici del programma di data governance.

Il percorso di escalation non si estende nel livello esecutivo perché i problemi relativi ai dati non vengono in genere risolti dal top management di un'organizzazione. Per questo motivo, il livello esecutivo ha uno spazio limitato all'interno della piramide. Spesso le organizzazioni ritengono che solo il 5-10% di tutte le decisioni deve essere portato al livello strategico. Percentuali più elevate spesso sono sinonimo di difficoltà di trovare soluzioni accettabili a livello tattico.

DOVE DOVREBBE RISIEDERE LA GOVERNANCE DEI DATI?

Se hai preso in considerazione la definizione, lo sviluppo e la distribuzione di un programma di data governance presso la tua azienda, probabilmente ti sei posto la domanda:

Dove dovrebbe risiedere la governance dei dati?

Di solito esistono due risposte — "nel business" o "nell'IT." Quando faccio questa domanda, la risposta che sento più spesso è "nel business". Vorrei che fosse così semplice.

Che cosa significa esattamente per la data governance risiedere "nel business"?

- Affermando che la data governance si inserisce nel business, stiamo dicendo che il business dovrebbe gestire il programma? Possibilmente. È anche possibile per un'area IT, con una corretta collaborazione e coordinamento con le aree di business, gestire un programma di data governance di successo.

- Stiamo dicendo che tutti i Data Steward dovrebbero essere nel business? Be', non esattamente. Anche il settore IT ha i dati che devono essere gestiti e ha data steward per i metadati tecnici e tattici e potenzialmente anche per i dati di business.

- Stiamo dicendo che visto che il business "possiede" i dati, i suoi membri sono responsabili della qualità dei dati? Be', più o meno. Infatti, se l'organizzazione possiede davvero i dati, le aree di business dovrebbero assumersi una responsabilità significativa per essere buoni custodi e persone che condividono la definizione, produzione e utilizzo dei dati per migliorare la qualità, la comprensione e le capacità decisionali.

Quando mi viene chiesto se la data governance debba risiedere nelle aree di business o nell'area IT, rispondo sempre "sì". La data governance dovrebbe risiedere in entrambi. La disciplina della data governance non sarà efficace se gestita in aree di business senza coordinamento e cooperazione con le aree IT.

Lo stesso vale al contrario. La data governance è in genere una "cosa universale". Data governance deve essere un'iniziativa "cross-organization" e "organization-wide" che richiede che le barriere tra IT e business siano abbattute e sostituite con ruoli e responsabilità ben definiti per le aree di business e per le aree tecniche di un'organizzazione. La domanda su "chi fa cosa" e "quando" è più importante di "dove".

Quale Parte del Business?

Questa è una semplice domanda. Ma la risposta non è così semplice. La data governance gestita "nel business" porta a molte domande. Se un'organizzazione decide che il programma di data governance sarà gestito dalle funzioni di business, la domanda successiva è: "Quale parte del business?" L'area responsabile della "compliance" deve eseguire il programma? Oppure l'area di risk management o l'ufficio legale, oppure l'area finanza o l'area delle risorse umane, e così via? Non esiste una risposta semplice alla domanda "in quale area".

La migliore risposta che di solito la consulenza dà a questa domanda è "dipende". Un buon consulente seguirà sempre questa domanda con l'affermazione, "Dipende da...". La mia lista di domande su "dipende da" è la seguente:

- Il settore di business selezionato e il suo management rispettano le altre funzioni e il loro management, rispettano l'area IT e il loro management?

- Questo settore ha la capacità di ottenere la cooperazione e il coordinamento di altre aree aziendali e IT e del loro management?

- Questo settore ha la capacità di mettere i benefici relativi alla qualità dei dati per l'intera organizzazione di fronte agli interessi della propria area di business?

- Il Settore di business selezionato e il loro management hanno la capacità di assumersi la responsabilità di attività trasversali per l'Azienda come l'implementazione di un Enterprise Resource Planning (ERP), data warehousing, customer data integration, e master data management?

Noterai che non ho usato termini come "avere autorità" e "hanno il potere di" in queste domande. L'ho fatto per un motivo: questi termini rappresentano tutto ciò che è *improduttivo* nel rispondere alla domanda su chi sarà responsabile della gestione del programma di data governance.

Queste frasi aumentano la percezione che l'area di business che gestisce il programma dirà alle persone cosa fare, come farlo, ed essere classificati come la struttura responsabile del "decision-making" del programma. Per esperienza, questo non potrebbe essere più lontano dalla verità. La probabilità e la potenzialità che una singola business unit venga rafforzata per un'organizzazione potrebbe non essere possibile per l'azienda e la percezione che una singola area di business avrà l'autorità sul resto dell'organizzazione può rovinare le aspettative di successo per un programma di data governance. Nelle applicazioni pratiche di un programma di data governance non invasiva, nessuna singola area aziendale può avere l'autorità o può assumere maggior potere rispetto al resto dell'organizzazione. Ancora una volta, ripensate al concetto di base di coordinamento e cooperazione.

Autorità e potere sono ancora parole importanti per un programma di data governance: queste due parole dovrebbe essere definite chiaramente all'interno dell'organizzazione di data governance, in particolare quando si parla in termini di "data governance council". Questo organismo comprende rappresentanti di ogni area aziendale e IT ed ha l'autorità e il potere di prendere sia decisioni su basi strategiche, sia trasversali per tutta l'azienda.

LA DATA GOVERNANCE DOVREBBE RISIEDERE NELL'INFORMATION TECHNOLOGY (IT)?

Ho lavorato con diversi clienti che hanno iniziato i loro programmi di data governance nella funzione IT. Un'azienda si è concentrata sulla gestione della propria area IT come business unit. Questa azienda intendeva gestire tutti i suoi dati IT, inclusi metadati, dati su hardware, software, configurazione, licenze, telefoni, sicurezza dei dati e ID di login. L'azienda ha implementato un programma di data governance all'interno dell'area IT per diventare più disciplinata nel modo in cui gestire tutti i dati IT, una data governance per l'IT e gestita dall'IT.

Dal mio punto di vista non c'è bisogno di limitarsi a considerare i dati governabili solo tra i dati di business. E i data steward possono esse nell'area IT. I dati non si gestiscono da soli, nemmeno i dati o i metadati IT.

Un grande istituto finanziario ha avviato un programma di data governance a livello aziendale gestito dall'IT. La data governance venne accettata "debolmente" dai business leader dell'organizzazione. Ma c'era la convinzione che l'area IT *non fosse proprietaria dei dati*. Ciò ha accelerato una transizione del programma da una gestione controllata dall'IT, ad una gestita e controllata dall'area di Risk management aziendale. Questa società realizzò che il posizionamento organizzativo della gestione del programma di data governance non era il fattore dominante. Tutti convennero che la progettazione dell'organizzazione di data governance, la funzione e l'utilizzo del "data governance council", la capacità di far superare i confini organizzativi per coordinare i loro sforzi e cooperare nei processi di data governance proattivi e reattivi sono stati i fattori più importanti.

LA LEADERSHIP È LA COSA PIÙ IMPORTANTE

La risposta migliore alla domanda "Dove dovrebbe essere la governance dei dati nella nostra organizzazione?" è questa: Non importa. La data governance di un'organizzazione può avere successo sia quando viene gestita da un'area di business, sia da un'area IT.

Naturalmente, la decisione relativa a quale area gestirà il programma di data governance può essere importante per il successo del programma. Tuttavia, non impatterà sulla probabilità di successo di un programma di data governance ben definito. Se le funzioni di business e l'area IT coordinano i loro sforzi, utilizzano il "data governance council" come risorsa strategica, cooperano nelle attività fondamentali del data management e agiscono costantemente nell'interesse dell'Azienda in modo sinergico, il posizionamento della gestione del programma di data governance non è la domanda più importante a cui rispondere. Quando si tenta di identificare la persona migliore per guidare il programma di data governance dell'organizzazione, sono disponibili due opzioni: è possibile promuovere dall'interno o assumere qualcuno dall'esterno.

PROMUOVERE DALL'INTERNO

Una persona interna con relazioni di business, una profonda conoscenza dei dati aziendali e del funzionamento dell'organizzazione, deve essere considerate prima di ogni altra opzione per l'esecuzione del programma di data governance. Questa persona, con il mentoring di consulenza di qualcuno esperto in questo tipo di programma, può sfruttare la sua conoscenza e le relazioni mentre ha accesso a una base di conoscenze profonde, esperienza e la capacità di adattare con successo le componenti all'interno di una moltitudine di circostanze e culture.

In genere, una persona con livelli dettagliati di conoscenze e relazioni aziendali interne può diventare ben esperta nella gestione della data governance. Questa è la persona più efficace per eseguire un programma di Non-Invasive Data Governance di successo e sostenibile per la tua organizzazione.

ASSUMERE DALL'ESTERNO

Una risorsa esterna con esperienza nell'implementazione della data governance in un'altra organizzazione dovrebbe essere la prima persona a indicare che i programmi di data governance funzionano meglio quando vengono definiti, progettati, sviluppati e implementati specificamente per operare all'interno della cultura di un'organizzazione. Conoscere i "componenti" di come rilasciare un programma di data governance è fondamentale per il successo della persona in questa posizione.

Ma questo non garantisce che i metodi precedentemente utilizzati da una persona esterna funzioneranno nella vostra organizzazione. Non conoscendo I dettagli e le "sfumature" dei dati nella vostra organizzazione, come sono gestiti o non gestiti, non conoscendo i livelli esistenti di accountability per i business data, e non avendo stabilito rapporti di lavoro sia con le strutture di business, sia con le aree tecniche della vostra organizzazione metterà questa persona in una posizione di svantaggio.

Punti Chiave

- La prima e più fondamentale domanda che le organizzazioni si pongono sull'impostazione dei ruoli e delle responsabilità di un programma di data governance è dove dovrebbe *risiedere* il programma di data governance?

- Molte organizzazioni ritengono che la data governance avrà successo solo se il programma è gestito da un'area di business. Questo è una *misconcezione*.

- Ci sono molti fattori da considerare nella scelta della persona giusta per guidare il programma di data governance, e ci sono pro e contro in una scelta dall'interno versus un'assunzione dall'esterno.

In questo capitolo, inizierò a esplorare gli strati del modello operativo in cui le persone nelle aree di business assumeranno i livelli appropriati di responsabilità associati ai diversi ruoli del modello di data governance. In altre parole, questo capitolo inizierà ad analizzare i livelli del diagramma piramidale dal basso verso l'alto, a partire dai diversi tipi di data steward a livello operativo. Il capitolo 7 affronta il Livello Operativo del Modello Operativo. I data steward operativi si trovano in questo livello.

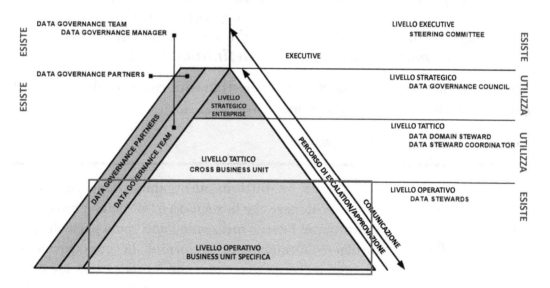

Non-Invasive Data Governance – Modello Operativo Ruoli & Responsabilità con il Layer Operativo evidenziato

DATA STEWARD OPERATIVO

Se si adotta l'approccio Non-Invasive Data Governance, i data steward operativi esistono già in tutta l'organizzazione. Se tutto ciò vi suona nuovo, siete pregati di rileggere le informazioni precedenti per ottenere una migliore comprensione del perché e come l'approccio Non-Invasive Data Governance è non invasivo. Nell'ambito della loro routine quotidiana e delle Attività lavorative, i data steward operativi hanno un certo livello di responsabilità, anche se non necessariamente autorità, rispetto ai dati che definiscono, producono e utilizzano.

Diversi anni fa, il CIO in un'organizzazione di governo statale mi disse:

> *Se riesci a vedere i dati, hai la responsabilità di come utilizzi i dati che puoi vedere. Se è possibile aggiornare i dati, si ha la responsabilità di come aggiornare o immettere i dati. Se definisci i dati utilizzati dalla tua struttura organizzativa, hai la responsabilità di assicurarsi che siano coerenti con il modo standard in cui definiamo i dati.*

Questa semplice affermazione descrive perfettamente come un data steward operativo diventa un data steward operativo!

REGOLE PER DIVENTARE UN DATA STEWARD

Recentemente mi è stato chiesto se tutti in un'organizzazione sono data steward operativi. Si potrebbe sostenere che la risposta è "sì" perché tutti, a un certo punto, entrano in contatto con i dati o utilizzano i dati come parte del loro lavoro quotidiano. Coinvolgere formalmente o fornire la consapevolezza dell'importanza dei dati a tutti nell'organizzazione non è una cattiva idea. Ma coinvolgere formalmente tutti allo stesso modo non è una buona idea. Mi spiego.

CHIUNQUE PUÒ ESSERE ASSOLUTAMENTE UN DATA STEWARD

Se seguite o credete nell'approccio "Non-Invasive Data Governance", si può avere sentito dire che non si può etichettare chiunque come un data steward, dire "Sei tu", e aspettarsi che lui o lei inizino a fare cose da data steward. Non è così che funziona.

Ma io dico che ogni persona che definisce, produce e utilizza i dati nell'organizzazione, ha un certo livello di "accountability" o responsabilità del modo in cui i dati vengono definiti, prodotti e utilizzati. Le persone in prima linea hanno responsabilità per l'immissione dei dati in modo appropriato e accurato; persone che definiscono i dati hanno la responsabilità di assicurarsi che non stanno ridefinendo qualcosa che è già stato definito prima. E certamente, gli individui che utilizzano i dati hanno la responsabilità per il modo in cui li utilizzano.

Il problema è che in questo momento, questi livelli di responsabilità sono spesso informali, inefficienti e inefficaci, soprattutto quando si tratta dei livelli di responsabilità necessari al successo della data governance.

Ancora una volta, questo è il concetto principale dell'approccio "Non-Invasive Data Governance". Se solo possiamo formalizzare la responsabilità di questi amministratori di dati e possiamo convincere il management e gli steward che, per buona parte, già li governano, ciò renderà le comunicazioni con tutti, dal senior management in giù molto più facile da digerire. Riesco già a sentire data steward dire: "Vuoi dire che già faccio questa roba?" Naturalmente, la vostra risposta dovrebbe essere, "Sì. Vogliamo solo mettere un po' regole e procedure relative ad alcune delle cose che già facciamo". E la loro risposta sarebbe, "Oh, okay, penso di aver capito ora."

ESSERE UN DATA STEWARD DESCRIVE UNA RELAZIONE CON I DATI E NON È UNA POSIZIONE

Se mi chiedete, "Essere un data steward è una posizione o un titolo?", la risposta è: essere un data steward descrive una relazione tra una persona e alcuni dati, sia che questi siano "data element", "data set", "subject area", applicazioni, database — in base a quanto in dettaglio si desidera andare con la vostra associazione di steward ai dati.

Coloro che come parte del loro lavoro definiscono i dati, dovrebbero avere una responsabilità formale per assicurarsi che vengano registrate e rese disponibili solide e accurate descrizioni aziendali dei dati che definiscono. O forse dovrebbero avere la responsabilità di identificare e utilizzare i dati che già esistono altrove. Oppure dovrebbero avere la responsabilità di coinvolgere le persone appropriate negli sforzi per definire in modo corretto dati.

Queste persone possono essere associate alla Business Intelligence (BI), al Customer Relationship Management (CRM), all'Enterprise Resource Planning

(ERP), al Master Data Management (MDM), ai big data, all'implementazione di package, o ai dati gestiti nel cloud: tutti ambiti in cui vengono definiti nuovi dati per un'organizzazione. L'approccio "Non-Invasive Data Governance" richiede che i responsabili (steward) della definizione dei dati diventino formalmente responsabili della **qualità** della definizione dei dati.

Coloro che producono dati come parte del loro lavoro dovrebbero avere la responsabilità formale per assicurarsi che i dati vengono prodotti seguendo le regole di business, si spera formalmente definite e "registrate", per questi dati. O forse dovrebbero avere la responsabilità di assicurarsi che i dati che producono siano inseriti nel sistema o ovunque in modo tempestivo. Oppure devono avere la responsabilità di assicurarsi che le persone appropriate ricevano una notifica quando i dati vengono aggiornati, quando l'accuratezza dei dati è bassa o quando i dati non sono stati ricevuti. Questa persona può essere un addetto all'immissione dei dati, un integratore di dati, un analista di dati, un generatore di report o una persona coinvolta in una delle attività descritte nel paragrafo precedente. L'approccio "Non-Invasive Data Governance" richiede che i "data production steward" diventino formalmente responsabili per la produzione di dati.

Rimangono quindi i "data usage stewards". Chiunque utilizzi i dati in un lavoro deve essere ritenuto responsabile per il modo in cui utilizza i dati. Ciò significa che il programma di data governance dovrebbe concentrarsi in anticipo sulla definizione formale e sulla messa a disposizione delle regole (regolamentari, conformità, classificazione e qualsiasi sforzo di gestione dei rischi) associate all'utilizzo dei dati.

Il "data usage steward" dovrebbe essere formalmente responsabile per le persone con cui i dati sono condivisi. Il "data usage steward" deve essere responsabili per la protezione e la sicurezza dei dati in base alle norme e procedure definite e disponibili. Questa persona potrebbe essere chiunque nell'organizzazione utilizzi i dati per il suo lavoro, **chiunque**.

Ciò significa che dobbiamo definire e formalizzare "fisicamente" ogni singolo individuo nell'organizzazione che ha una relazione con i dati? Beh, probabilmente no. Abbiamo bisogno di conoscere ogni divisione, reparto e gruppo che definisce, produce e utilizza i dati? Probabilmente sì. Si prega di vedere nel Capitolo 11 un esempio di uno strumento chiamato Common Data

Matrix che ho sviluppato, usato ripetutamente con molte organizzazioni per aiutarle a registrare formalmente chi fa cosa con dati specifici tra le loro strutture.

Essere un data steward (sia come colui che definisce, produce o utilizza i dati) e la responsabilità formale insita nell'essere un data steward si riduce alla relazione di ogni individuo con i dati. Un data steward può avere due o tre delle tre relazioni con i dati e può quindi avere maggiori livelli di responsabilità formale. Di nuovo, chiunque può essere un data steward.

UN DATA STEWARD NON È ASSUNTO PER ESSERE UN DATA STEWARD

Ho visto organizzazioni cercare full-time-equivalent (FTE) jobs per data steward. Penso che questo sia un errore per la maggior parte delle organizzazioni. Come si può capire dalle mie regole definite finora, penso che i data steward esistano già nella vostra organizzazione e possano essere chiunque.

Faccio di questa affermazione una regola perché le persone nella vostra azienda sono già dei data steward, anche se non possono formalmente considerarsi tali. Gli Steward non vengono assunti a meno che non si sta assumendo in altre posizioni, per il semplice fatto che qualsiasi posizione probabilmente definisce, produce o utilizza i dati come parte delle sue responsabilità.

Nel mio "Operating Model of Roles & Responsibilities", differenzio fra operational data steward, descritto precedentemente, e "data domain steward" a livello tattico. Il "data domain steward" ha in genere un livello di responsabilità formale, o talvolta di autorità, per prendere decisioni per un dominio specifico o una "subject area of data" per un'intera organizzazione o qualsiasi parte dell'organizzazione che rientra nel perimetro del programma di data governance.

Alcune organizzazioni definiscono i "data domain steward" attraverso linee guida e procedure formali. Ho recentemente lavorato con una delle Big Ten University con uno specifico focus sulla classificazione dei dati come driver principale del programma di data governance. La politica di classificazione definiva che colui che registrava i dati fosse il "data trustee" — un altro nome per il "data domain steward"— dei dati degli studenti, che il controllore fosse il "trustee of financial data", e il vice presidente delle risorse umane fosse il "trustee of employee (staff) data". Questo modo di fare le cose sta diventando più tipico di quanto si possa pensare.

Ha senso per le organizzazioni precisare, per posizione nell'organizzazione, le persone che hanno le responsabilità di "data domain steward". In alcune organizzazioni, questa posizione non l'autorità assoluta e onnisciente su quella particolare materia di dati. Tuttavia, questa persona è tenuta in considerazione sufficientemente alta in tutta l'organizzazione da essere sicuri che i dati nella sua area di competenza siano gestiti correttamente.

In una situazione in cui il "data domain steward" non ha l'autorità o non è la persona che può prendere decisioni per l'organizzazione, diventa responsabilità del Data Governance Council prendere queste decisioni a livello strategico. In base alla mia esperienza comunque raramente ho visto escalation relative a decisioni sui dati da livello del "Data Governance Council" a quello "Executive".

UN DATA STEWARD NON HA BISOGNO DEL TITOLO DI DATA STEWARD

Se tutti sono steward di dati, allora non c'è motivo di cambiare i job title delle persone. Non sarebbe fattore di confusione? Come ho detto in precedenza, qualsiasi persona con qualsiasi titolo può essere uno steward di dati. Pertanto, e per rimanere meno invasivi, dovremmo permettere agli individui di mantenere i loro titoli originali ed educarli sulle responsabilità formali che accompagnano le loro relazioni con i dati. Nella maggior parte dei casi, questo non significa un significativo cambio di lavoro per i data steward. Questo non significa che non ci sarà alcun cambiamento nel loro lavoro, solo che non sarà una ridefinizione della loro posizione o quello che fanno.

Lo stesso vale per i "data domain steward". Non è necessario chiamare un controller "Finance Data Domain Steward" e un addetto alle iscrizioni non deve essere chiamato "Student Data Domain Steward". È molto più importante che queste persone siano riconosciute come le persone che ricoprono il ruolo di "data domain steward".

A UN DATA STEWARD NON DEVE ESSERE DETTO COME FARE IL SUO LAVORO

É in corso un grande dibattito se sia necessario dire ad un data steward come essere un data steward e se un data steward possa o meno essere certificato come data steward.

La risposta a entrambe le considerazioni è che dipende. Bene, da cosa dipende?

Nella mia esperienza, ai data stewards non occorre insegnare come essere un data steward. Piuttosto, i data steward possono essere istruiti sulla formalizzazione delle loro relazioni con i dati. Una persona che utilizza i dati deve essere istruita sul significato dei dati, su dove provengono, su come i dati possono e non possono essere utilizzati, su come i dati possono o non possono essere condivisi, ecc. Una persona che produce dati deve essere istruita sull'impatto dell'immissione dei dati e sulle linee guida per la produzione di tali dati. Penso che concordiate con il mio punto di vista.

Talvolta, si potrebbe dire che i data steward hanno la necessità di sapere formalmente cosa tutto ciò significhi e come essere i migliori dati steward. Dopo di che la domanda diventa: "Questo significa che dobbiamo dire ai data steward come fare il loro lavoro?" E a questa domanda rispondo con un clamoroso "No!" Non dobbiamo insegnare ai data steward come fare il loro lavoro.

UNA CERTIFICAZIONE DI SETTORE PER I DATA STEWARD NON SEMPRE HA SIGNIFICATO

Questa è la seconda metà della risposta alle domande sollevate dalla regola precedente. Credo fermamente che data steward possano non essere certificati. Ogni data steward ha un rapporto diverso con i dati e, quindi, una responsabilità diversa, alcuni con responsabilità formale e alcuni senza.

So che alcune organizzazioni di settore si stanno concentrando nel trovare le credenziali per diventare data steward certificati. Personalmente sono contrario a questa idea.

Non sono contro un'organizzazione di professionisti o un'azienda che crea credenziali e formazione internamente per i loro steward per certificarli nelle loro posizioni di steward di specifici dati che definiscono, producono e utilizzano. Ti prego di comprendere bene questa distinzione. Certificazione dell'organizzazione, sì. Ci sono casi ben documentati di organizzazioni che certificano i propri dati steward. Certificazione di settore, no.

Che un gruppo di settore debba certificare i data steward vorrebbe dire che si dovrebbe dire loro come fare il loro lavoro. E sai già che questo argomento è coperto dalla regola precedente.

Potresti dirmi che i data steward potrebbero essere formati ma non certificati sui tipi di attività caratteristiche della loro relazione con i dati all'interno di un'organizzazione. Ciò può includere tutto, da come accedere ai metadati e alle regole di business sui dati, ai processi formali che devono essere seguiti, al metodo per ottenere un elemento di dato approvato, modificato, comunicato o ritirato. Ho solo difficoltà a capire come qualcuno al di fuori di un'organizzazione e della sua cultura, può fornire questo livello di certificazione di gestione dei dati per un settore.

Per riassumere questi punti, vorrei ribadire che i data steward devono essere istruiti sulle responsabilità formali che comportano le loro relazione con i dati. Questa formazione può includere la sicurezza nella gestione dei dati e le relative procedure, le regole di conformità e normative, gli standard e i processi se questi sono stati definiti e, in caso contrario che devono esserlo, per la loro relazione con i dati.

Quindi dico "attenzione" alla certificazione dei data steward a livello di settore. E io ne faccio una delle mie regole per essere un data steward.

ESISTE PIÙ DI UN DATA STEWARD PER OGNI TIPO DI DATI

Non so dirvi quante volte ho iniziato a lavorare con un'organizzazione in cui un certo numero di persone indicano altri e dicono, "Jim, lui è il nostro Customer Data Steward." E "Mary, laggiù, lei è la nostra Product Data Steward." E "Mike è il nostro Employee Data Steward."

Identificare le persone in questo modo non è corretto. Almeno non se si segue una delle regole che ho delineato sopra. Si prega di ricordare che nell'approccio "Non-Invasive Data Governance", l'idea che esista solo un data steward per tipo, categoria o materia non è valida. Vale a dire, a meno che non si stia parlando di "data domain steward" a cui potrebbe essere assegnato il ruolo di "Customer Data Domain Steward", "Product Data Domain Steward" e così via.

Queste persone hanno responsabilità in tutte le aree di business. Non dimenticate di inserire la parola *"domain"* o *"subject area"* all'interno della definizione del ruolo, solo per chiarire le responsabilità del ruolo stesso.

La verità è che ci sono molta data steward per praticamente ogni tipo di dati presenti nella vostra organizzazione, se si include ogni persona che ha una relazione con i dati. Abbiamo bisogno di sapere esattamente chi sono tutte queste persone e chiamarle data steward? No! Dobbiamo sapere che ci sono persone con una relazione con un particolare tipo di dati all'interno di una certa parte di un'organizzazione? Sì! In quale altro modo saremo in grado di comunicare con loro su questi dati? Dobbiamo sapere dove esistono i data steward.

IL TRAINING PER I DATA STEWARD DOVREBBE CONCENTRARSI SULLA FORMALIZZAZIONE DELLA RESPONSABILITÀ

Invece di certificare gli individui come data steward, un programma di data governance dovrebbe concentrarsi sulla formazione dei data steward nella tua organizzazione circa la responsabilità formale delle loro relazioni specifiche con i dati. Chi deve definire i dati deve ottenere formazione sulle responsabilità relative a questa attività. Chi produce dati deve essere formato sulle responsabilità relative alla produzione di dati. Forse la cosa più importante è che gli utenti ricevano una formazione sulle responsabilità relative all'utilizzo dei dati. E gli individui che hanno in carico due delle tre relazioni o addirittura tutte e tre, dovranno ricevere una formazione sulla governance dei dati su tutte le relazioni che si applicano.

E non solo una formazione generale su ciò che un data steward fa. Sto parlando di formazione che riguarda specificamente la definizione, la produzione e l'uso dei dati che *essi* usano o dei dati che *essi* gestiscono come parte del loro lavoro quotidiano.

Questo potrebbe spaventare alcune organizzazioni perché potrebbero non avere definita la responsabilità di ogni relazione per ogni tipo di dati in modo condiviso con i loro data steward. Bene, questo vi dà un interessante punto di partenza con il vostro programma di data governance.

Se voi, come responsabili della strutturazione di un programma di data governance, non avete definito il significato di queste relazioni, le responsabilità formali che vanno con le relazioni, o le regole specifiche associate a come i domini di dati possono essere definiti, prodotti e utilizzati, come potete aspettarvi che i data steward sappiano cosa fare? Ancora una volta, questo vi dà un buon punto di partenza.

Punti Chiave

- Un data steward può essere assolutamente chiunque.

- Essere un data steward descrive una relazione con i dati e non è una posizione organizzativa

- Un data steward non viene assunto per essere un data steward.

- Un data steward non ha bisogno del titolo di data steward.

- Un data steward non ha bisogno che gli si dica come deve fare il suo lavoro.

- Una certificazione pubblica o di settore del data steward è una sciocchezza

- Esiste più di un data steward per ogni tipo di dati.

Durante le attività di consulenza, le lezioni o le presentazioni a conferenze, spesso mi riferisco al livello tattico come al più grande ostacolo da superare per le organizzazioni durante l'implementazione di programmi di data governance.

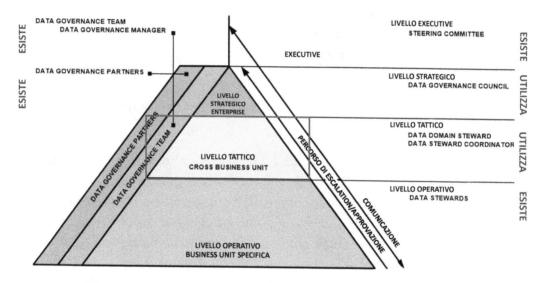

Modello Operativo Non-Invasive di Ruoli & Responsabilità con il Livello Tattico evidenziato

Molte organizzazioni si sono abituate ad operare in silos anche se riconoscono che questo sta alla radice dei loro problemi relativi ai dati. Il passaggio a una linea di business tattica e trasversale (Line Of Business - LOB), spesso chiamata la prospettiva "enterprise", il più delle volte porta con sé problemi, battaglie politiche, differenze di opinione e un sacco di lavoro. Non c'è da meravigliarsi che la gente non voglia stare di fronte a questo "treno" in corsa!

Identificare una o più posizioni che hanno la responsabilità della prospettiva aziendale per un sottoinsieme di dati dell'azienda può spesso essere una grande sfida. Per soddisfare la necessità di gestire i dati tatticamente tra le linee di business è necessario che una persona in una posizione specifica abbia la responsabilità di tale visione "cross-LOB" ad un livello di gestione cross-operativo. Questa persona è il "data domain steward".

PROSPETTIVA ENTERPRISE DEI DATI ATTRAVERSO I DOMINI

Dovrebbe essere ovvio che una sola persona non può gestire tutti i dati cross-linea di business. Pertanto, è importante separare i dati che attraversano business unit o aree funzionali in sottoinsiemi o bucket, per così dire, di dati aziendali. Mi riferisco a questi bucket come domini di dati. La principale responsabilità del "data domain steward" è essere "accountable" per i dati gestiti nel loro dominio. Questa può essere una responsabilità importante a seconda del dominio dei dati.

Dalla mia esperienza, ci sono tre modi principali per precisare i domini di dati per un'organizzazione:

1. **Per "Subject Area"**. Questo è l'approccio più comune. La domanda principale è relativa al livello appropriato di granularità per definire i domini. "Cliente" potrebbe essere troppo grande e complesso, mentre "Indirizzo mail del Cliente" potrebbe essere troppo di dettaglio. Recentemente mi è stato chiesto: "Di quanti domini di dati abbiamo bisogno e qual è il numero tipico di domini identificati in altre organizzazioni?" Non è una domanda semplice a cui rispondere. La risposta dipende dalla complessità dei dati e dalla possibilità di associare le responsabilità a set di elementi di dati. Alcune organizzazioni partono da un livello più alto e meno granulare e suddividono i domini in sottodomini o anche livelli inferiori se ce ne è bisogno. Più basso è il livello di granularità, maggiore è il numero di "domain data steward". Questa può essere una semplice regola empirica, ma non significa necessariamente che tutti i domini siano della stessa granularità oppure che un "data domain steward" non possa essere responsabile di più di un dominio di dati. A volte, quando i dati non si inseriscono perfettamente in una "subject area" o in un'altra, possono essere associati a più di un dominio. Questo non è un approccio consigliato, ma a volte è inevitabile.

1. **Per Livello-1 e Livello-2 di Sorgenti Dati.** Questo è il secondo approccio più comune. Le Sorgenti Dati di Livello 1 sono definite in questo contesto come sistemi operativi o risorse di dati che si riferiscono alle esigenze di una singola business unit o area funzionale. I dati nel Livello-1 rispondono a specifiche esigenze operative e sono in genere definiti "indipendenti" all'interno di una Business Unit. A volte il Livello-1 di dati può essere gestito localmente o anche a livello di server desktop o di unità. I Sistemi e le "data resources" di Livello-2 si verificano quando i dati vengono alimentati da più risorse di dati di livello 1 in datawarehouse, data marts, soluzioni di Master Data Management (MDM), sistemi Enterprise Resource Planning (ERP) o pacchetti integrati di "data sets" — qualsiasi luogo in cui i dati sono condivisi tra business unit o aree funzionali. Il problema con la definizione dei domini risorse di dati di Livello-2 è l'aumento della numerosità degli stessi, aggiungendo così complessità al programma di data governance.

2. **Per Unità Organizzativa.** Questo approccio è usato raramente, se non mai. Molte organizzazioni hanno tentato e non sono riuscite a definire i domini in base alle unità organizzative, perché questo approccio promuove il mantenimento di silos organizzativi e quindi una visione e gestione verticale dei dati.

Le figure che hanno la prospettiva enterprise di un dominio, in genere un'area di dati, hanno un ruolo fondamentale nell'esecuzione del programma. Mi riferisco a queste persone come i "data domain steward".

DATA DOMAIN STEWARD

Un data domain steward può essere o meno un decision-maker per un dominio di dati, o in generale. Il fatto che un data domain steward sia o meno un decision-maker dipende spesso dalla posizione associata al suo ruolo e dalle relative responsabilità. Alcune organizzazioni identificano i data domain steward attraverso policy ben definite e approvate che ne definiscono la responsabilità di essere i decisori per i loro domini.

Vi sono invece organizzazioni che hanno fatto la scelta opposta ed hanno preso volontari per rappresentare i domini dei dati come facilitatori per risolvere i problemi relativi ai dati in quel dominio. Non c'è una risposta giusta o sbagliata, ma una cosa è certa: le organizzazioni riconoscono la necessità di muoversi verso una prospettiva enterprise o di dominio dei dati.

UN'AUTORITÀ O UN FACILITATORE?

Poiché non esiste un singolo livello specifico dell'organizzazione associato a tutti i data domain steward, è difficile definire se questi sono sempre i più autorevoli decision maker. A volte i data domain steward sono in una posizione di autorità o hanno la capacità di infrangere i legami tra le unità operative. Altre volte, i data domain steward hanno minore autorità e fungono da facilitatori nella definizione degli standard e nella risoluzione dei problemi con l'intenzione di trovare soluzione tra le business unit senza necessità di escalation fino al Data Governance Council a livello strategico.

COME SI IDENTIFICA UN DATA DOMAIN STEWARD?

I data domain steward in genere rientrano in una specifica linea di business o business unit e hanno normalmente un titolo diverso da data domain steward. Quando un data domain steward agisce nel ruolo di steward di dominio la sua appartenenza alla propria linea di business deve essere messa da parte. Un data domain steward dovrebbe avere la capacità di concentrarsi sulla prospettiva aziendale piuttosto che solo sugli interessi specifici di una business unit.

La mancanza di abilità di agire in una prospettiva aziendale porterà all'incapacità di ottenere la fiducia e il sostegno dell'azienda per le decisioni prese o raccomandazioni per le decisioni da prendere provenienti da tale posizione.

I data domain steward sono in genere individuati in uno di questi modi:

- Un data domain steward è la posizione logica o la persona individuata considerando il dominio dei dati. Per un'università, il domain steward per la gestione delle informazioni relative all'iscrizione può essere l'addetto alle iscrizioni. Il direttore delle risorse umane, o un designato di questa posizione, può essere una scelta logica relativamente al "domain steward" dei dati relativi alle Risorse Umane (HR). Il direttore del marketing potrebbe essere il "domain steward" dei dati di marketing data, e così via.

- La capacità di prendere la decisione più logica relativamente alla posizione associata a diventare un "data domain steward" potrebbe essere più o meno difficile in base a come si selezionano i domini. Se diventa difficile identificare una posizione logica come "domain steward", un'organizzazione può prendere in considerazione l'idea di suddividere il dominio dei dati in più sottodomini che comportano la necessità di avere più domain steward.

- I domain steward possono essere designati dal Data Governance Council. A volte, il consiglio nomina i data domain steward e questo può essere un compito che richiede diverso tempo. La selezione dei domain steward può sembrare contraria all'approccio "non-invasive" alla data governance. Forse, ma riconoscendo una persona come un domain steward, a causa del suo livello di conoscenza o responsabilità per un dominio specifico o per una specifica area tematica di dati, può portare una connotazione positiva di maggiore responsabilità nei confronti dell'organizzazione. Assegnando o riconoscendo qualcuno per questo ruolo, deve essere preso in considerazione il carico di lavoro aggiuntivo. Assegnare responsabilità senza dare la possibilità di esercitarle per mancanza di tempo può portare all'incapacità di gestire i domini di dati da una prospettiva enterprise.

- I domain steward possono essere identificati grazie alle policy. Ho visto organizzazioni identificare i loro domain steward attraverso quando definito in relazione alle operations sui dati, alla classificazione dei dati, alla data security, e alle policy di privacy. Di nuovo, gli autori delle policy fanno del loro meglio per selezionare la posizione logica per definire e individuare il ruolo del "data domain steward". In ogni caso, il carico di lavoro esistente della persona selezionata diventa importante.

- I data domain steward possono offrirsi volontari per il ruolo. Ho visto individui farsi avanti e offrirsi volontari per essere i domain steward per i domini di dati individuati. Ho sentito un addetto affermare: "Potrei non sapere tutto ciò che è necessario per essere riconosciuto sul dominio dei dati, ma farò del mio meglio per individuare standard accettabili per i dati appartenenti al mio dominio e individuare risoluzioni accettabili per i problemi relativi ai dati nel mio dominio."

Come potete vedere, non c'è un solo modo per identificare la posizione che dovrebbe essere associata alla gestione di un dominio dei dati.

CARATTERISTICHE DI UN DATA DOMAIN STEWARD

Ecco un elenco di caratteristiche che ho trovato utili per identificare gli individui che sono appropriati per ricoprire il ruolo di data domain steward:

- I data domain steward dovrebbe avere una visione di ciò che potrà essere il futuro dell'integrazione dei dati all'interno del dipartimento, avere la capacità portare le altre persone ad avere la stessa visione, e allineare tutte le attività relative ai dati per raggiungere gli obiettivi dell'organizzazione.

- I data domain steward sono raramente soddisfatti del modo in cui i dati vengono gestiti. Cercano continuamente modi per migliorare lo status quo di come vengono gestiti i dati e si sforzano continuamente di migliorare il modo in cui i dati vengono definiti, prodotti e utilizzati.

- I data domain steward dovrebbero avere la capacità di motivare l'organizzazione ad ottenere l'integrazione dei dati includendo tutte le parti interessate o obbligate ad integrare i loro dati.

- I data domain steward dovrebbero definire esempi di comportamenti rispetto ai dati per il dipartimento. Dovrebbero mostrare i comportamenti rispetto ai dati che vogliono dal dipartimento ogni giorno e in tutto ciò che fanno.

- I data domain steward dovrebbero essere "team players". Devono sviluppare e contribuire a raggiungere obiettivi comuni e avere un senso condiviso dello scopo per quanto riguarda il loro specifico dominio e i suoi collegamenti con gli obiettivi dell'organizzazione. Dovrebbero essere in grado di attingere ai propri punti di forza, di guardare agli altri come risorse e di ritenersi responsabili l'un l'altro essendo assolutamente interdipendenti.

- I data domain steward dovrebbe essere diplomatici quando si rapportano con altri steward. Il conflitto è una parte inevitabile del teamwork, in quanto le persone sono diverse le une dalle altre, e le situazioni sono spesso ambigue, soprattutto dove i valori possono differire. L'incapacità di affrontare i conflitti limita seriamente il lavoro in team. I data steward deve avere l'interesse personale, capacità intuitive e capacità di comunicazione per facilitare la risoluzione dei problemi per ottenere un risultato win-win.

COSA FANNO I DATA DOMAIN STEWARD E QUANDO VENGONO COINVOLTI?

Queste due domande sono forse le domande più importanti a cui rispondere. Ecco alcuni esempi di ciò che data i domain steward fanno e quando vengono coinvolti:

- Un data domain steward è coinvolto nello sviluppo di standard per gli elementi di dati del proprio dominio. Queste definizioni di standard si verificano durante l'integrazione dei dati o lo sviluppo di una nuova sorgente di dati come un enterprise data warehouse, una soluzione di master data management l'implementazione di un pacchetto come un Enterprise Resource Planning (ERP) solution. Portare le persone a concordare quali dati dovrebbero apparire e come procedere è una responsabilità di un data domain steward.

- Un data domain steward viene coinvolto per la risoluzione di problemi relativi ai dati nel suo dominio. Si tratta spesso di un'aggiunta al punto precedente. Le differenze di opinione sono inevitabili quando lo sviluppo delle risorse di dati in passato è stato caratterizzato da autonomia, o per mancanza di gestione su come i dati sono stati definiti, prodotti e utilizzati in passato. Lo sforzo di omogeneizzare dati diversi è in genere difficile quando vengono definiti numerosi modi per ottenere dati uguali o simili. Un data domain steward è spesso coinvolto nel decidere come i dati dovrebbero apparire e come i dati provenienti da origini diverse vengono mappati nel set di dati integrato.

- Un data domain steward viene coinvolto quando diventa importante documentare e comunicare le regole e le procedure relative ai dati nel suo dominio. Il data domain steward, o un suo designato, è nella posizione appropriata per avere la responsabilità di documentare il modo in cui i dati in un dominio sono classificati (aperti, sensibili, limitati, protetti) e come le regole di business relative ai dati in un dominio vengono controllate e regolamentate. Il data domain steward ha la responsabilità di assicurarsi che questa documentazione sia raccolta, registrata, comunicata e condivisa tra tutte le parti interessate nei dati. Non è più accettabile che un'azienda o un dipendente dica, "Non conoscevo le regole." Il governo si è preso cura di questo per noi (p.e. GDPR), e ci sono severe sanzioni per il mancato rispetto delle regole derivante dalla mancata conoscenza delle stesse.

- Un data domain steward viene coinvolto in nuovi progetti in cui i dati nel suo dominio sono definiti, prodotti e usati. Spesso questi progetti possono durare per molto tempo. Ciò non significa che il domain steward partecipa ad ogni fase di questi progetti. Tipicamente, al domain steward viene chiesto di partecipare ad attività che si concentrano sulla definizione degli standard e sulla risoluzione dei problemi delle business unit relativi ai dati nel suo dominio. Il bilanciamento delle attività di gestione è in genere lasciato al operational data steward, quali sono i produttori e gli utenti dei dati all'interno delle loro business unit e aree funzionali.

Un data domain steward ha un ruolo fondamentale in un programma di data governance di successo. L'identificazione dei domini di dati, l'identificazione dei data domain steward, consentendo a questi ultimi di gestire correttamente i dati in tutta l'azienda, è una delle fasi iniziali dello sviluppo di un programma di data governance.

DATA STEWARD COORDINATOR

Per gestire o monitorare le attività dei numerosi "operational data steward" in ogni unità o area, una best practice nella data governance impone che qualcuno abbia la responsabilità di coordinare le attività degli steward. Molto spesso, gli "operational data steward" non si governano da soli. Come suggerisce il nome, il "data steward coordinator" è una responsabilità di business unit o di un'area funzionale per coordinare le attività dei data steward nelle loro unità o aree.

Questa responsabilità assicura che gli steward che definiscono, producono e utilizzano i dati siano coinvolti quando devono esserlo nel promuovere attività di dati in buono stato e nell'affrontare i problemi di qualità dei dati, tra cui:

- Indentificare i data steward nelle loro business unit/aree funzionali.

- Coordinare il coinvolgimento dei data steward in attività proattive e reattive di data governance.

- Comunicare le modifiche alle policy relative ai dati, normative e regole per i data steward nelle loro unità/aree.

Un data steward coordinator è spesso coinvolto in attività di comunicazione di data governance e attività di data governance stessa. Uno degli aspetti più importanti della responsabilità va oltre il coordinamento o la gestione tradizionale delle attività del personale. In diversi momenti critici, le comunicazioni tendono ad interrompersi nelle organizzazioni, esponendo l'organizzazione stessa e rischi non necessari. La formalizzazione della figura del data domain steward discusso in precedenza comporta l'identificazione di una persona o di persone con la responsabilità di documentare, conoscere e comunicare le regole relative ai dati che fanno parte dei loro domini.

DOMINIO DI DATI

Gli steward sono responsabili della formalizzazione e della condivisione di informazioni sulle modifiche ai dati nei loro domini. Queste informazioni possono includere:

- Policy – Descrizione e modifica alle modalità formali e approvate per definire, produrre e utilizzare i dati.

- Normativa – Descrizione e modifica del modo in cui un'entità esterna determina le modalità in cui i dati possono essere definiti, prodotti e utilizzati.

- Regole – Specifiche aziendali interne per la modalità di definizione, produzione e utilizzo dei dati.

Mentre il data domain steward ha la responsabilità di documentare e comunicare questi tipi di modifiche al coordinatore, il data steward coordinator ha la responsabilità di comunicare i tipi di modifiche di cui sopra ai data steward nelle loro unità/aree interessate dalle modifiche. Questo chiude il ciclo del processo di comunicazione. Il coordinatore ha la responsabilità di comunicare con le persone impattate nelle loro aree.

ASSEGNARE I DATA STEWARD COORDINATOR

I data steward coordinator sono in genere efficaci quando le loro responsabilità sono associate a data steward delle loro unità aziendali e di specifiche aree funzionali. Quindi, il primo passo nell'identificazione dei coordinatori comporta l'identificazione delle unità/aree che rappresenteranno. La responsabilità di descrivere le unità/aree per scopi di data governance in genere ricade nelle mani del team di individui responsabili della definizione del programma di data governance.

Le unità/aree sono spesso identificate attraverso un organigramma, oppure possono essere determinati raccogliendo informazioni su aziende, divisioni, reparti, team, e così via, che costituiscono la tua organizzazione. Se le unità/aree sono definite a livello aziendale, l'azienda stessa determina il livello di granularità necessario per la definizione di unità/aree. Per esempio, non è raro che le unità/aree si concentrino su diversi livelli, alcuni a unità/aree a livello di reparto e alcuni a livello di divisione.

Una volta completata la definizione di unità/aree, il management di livello più alto al più basso livello di granularità, spesso identifica o assegna una persona "logica" —a volte, ma non sempre, per posizione—per contribuire a coordinare le attività degli steward nel loro gruppo ed essere il riferimento per le comunicazioni orientate ai dati.

RESPONSABILITÀ DEL DATA STEWARD COORDINATOR

Il data steward coordinator può essere responsabile di una, più o tutte le seguenti attività:

- Identificare gli operational steward di dati per il dominio relativo alle loro unità/aree. Ciò richiede in genere tempo per le ricerche relative a questa definizione .

- Agire come persona di riferimento per la comunicazione relativa alla divulgazione di regole e regolamenti per il dominio di dati agli steward operativi nelle loro unità aziendali e assicurarsi che gli operational data steward comprendano le regole e i rischi.

- Agire come persona di riferimento per la comunicazione relativa alla propria business unit per documentare e comunicare i problemi relativi a domini specifici di dati per il corretto domain data steward.

- Agire come persona di riferimento nella Common Data Matrix, o data steward repository, secondo un regolare processo di controllo delle modifiche. Un normale processo di controllo delle modifiche avviene su base programmata per garantire che tutte le modifiche che richiedono una variazione alla Common Data Matrix siano inserite in modo tempestivo e regolare.

- Lavorare a fianco dei data domain steward e degli operational data steward su specifici data steward teams tattici definiti per la durata della risoluzione dei problemi o delle attività incentrate sul progetto.

- Ricercare esattamente come e quali dati sono definiti, prodotti e utilizzati nelle loro unità/ aree e da chi.

Punti Chiave

- Il data steward coordinator in genere non ha autorità di decision-making, ma svolge un ruolo fondamentale nella data governance nel successo della data stewardship.

- Un data domain steward è la posizione logica o la persona individuata considerando il dominio dei dati.

- I data domain steward dovrebbero avere una visione relativamente al futuro dell'integrazione dei dati all'interno del dipartimento e deve avere la capacità di condividere con gli altri la stessa visione.

- I data domain steward dovrebbero avere la capacità di motivare l'organizzazione a raggiungere l'integrazione dei dati includendo tutte le parti interessate o obbligate ad integrare i propri dati.

- Un data domain steward è coinvolto quando vengono sviluppati standard per gli elementi di dati in un dominio di competenza di uno steward.

- Le responsabilità dei data steward coordinator includono l'identificazione dei data steward nelle loro business unit/aree funzionali, il coordinamento dei data steward coinvolti in attività di data governance proattive e reattive, comunicazione delle modifiche alle policy, ai regolamenti e alle regole relative ai dati ai data steward interessati nelle loro unità/aree.

Capitolo 9
Ruoli e Responsabilità – Livello Strategico & Executive

Il livello strategico della piramide del Modello Operativo di Ruoli e Responsabilità rappresenta il Data Governance Council e l'Executive Steering Committee.

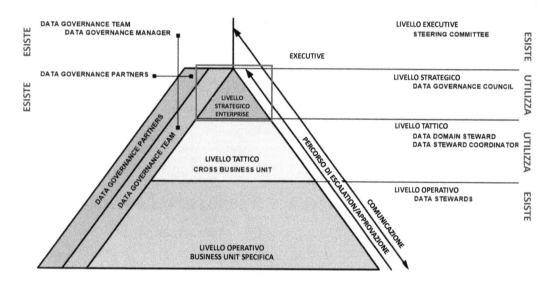

Modello Operativo Non-Invasive di Ruoli & Responsabilità con Livello Strategico evidenziato

Le decisioni strategiche devono essere prese quando non è possibile prendere decisioni a livello operativo (business unit specifica) o a livello tattico (prima linea di funzioni cross-business unit) di responsabilità. Le decisioni strategiche richiedono che le persone che prendono le decisioni abbiano le conoscenze e la documentazione appropriati per aiutarli a prendere le decisioni giuste. Questo, in parte, è l'essenza della data governance: la condivisione, la registrazione e l'utilizzo di conoscenze sui dati.

Una decisione strategica data-oriented può essere importante quanto la definizione di un cliente, complessa quanto la decisione di utilizzare lo schema di codifica dal sistema A o dal sistema B nel magazzino, o complicata quanto decidere quale strumento di profilazione dei dati si adatta meglio al proprio ambiente. Queste decisioni data-related avranno un impatto su tutta l'organizzazione e devono essere prese. Una o più persone devono essere in grado di prendere queste decisioni. Il mio suggerimento, in linea con molte organizzazioni che definiscono un livello strategico di responsabilità di data governance, è che questo gruppo strategico debba essere chiamato Data Governance Council.

DATA GOVERNANCE COUNCIL

Pensa al gruppo già utilizzato per definire un livello strategico di individui che prendono decisioni in un'organizzazione. A queste persone viene chiesto di riunirsi regolarmente per prendere decisioni rappresentando la propria sezione, la propria business unit, la società e così via. Si potrebbe sfruttare un gruppo esistente o replicare un gruppo come quello con individui esperti di dati che possono comprendere il programma di data governance e intervenire per prendere decisioni basate su una conoscenza dei dati sufficiente?

I MEMBRI DEL DATA GOVERNANCE COUNCIL SONO ESSERI SUPREMI?

La risposta a questa domanda è "sì" perché i membri del consiglio fungono in un certo senso da Corte Suprema in materia di data governance. In genere, sono all'apice della linea di escalation quando si tratta di prendere decisioni.

È già stato stabilito che il processo decisionale si ferma con questi individui quando si tratta di decisioni strategiche che riguardano la definizione, la produzione e l'uso dei dati aziendali. Il fatto che queste persone lavorino a livello strategico implica che non possano essere direttamente coinvolte nelle operazioni quotidiane. Spesso vengono informati riguardo alla definizione, produzione e uso dei dati giornalieri solo se lo richiedono o se ne hanno il tempo.

Alcuni strategic thinkers sono molto pratici, altri lo sono meno. Questo gruppo in genere non è coinvolto nelle operazioni quotidiane riguardanti data governance, in quanto per gestire queste responsabilità per loro conto ci sono vicepresidenti in alcuni casi, ma anche direttori, managers, supervisori e così via.

Nei programmi di data governance di successo in cui sono stato coinvolto, solo una piccola percentuale di decisioni riguardanti i dati, a volte appena l'uno per cento, fanno escalation attraverso i livelli operativi e tattici per raggiungere il Data Governance Council. Quando il processo decisionale raggiunge questi esseri supremi, la conoscenza del problema (i rapporti di causa ed effetto, la fonte del problema o la minaccia, per nominarne alcuni) dovrebbe essere registrata e preparata alla perfezione per la presentazione. Questa è la responsabilità del gruppo che gestisce il programma di data governance (il Data Governance Team nel diagramma a piramide) e degli steward operativi e tattici coinvolti nell'attività decisionale.

Troni e corone non sono richiesti durante le riunioni periodiche del Data Governance Council. Spesso i partecipanti della riunione sono riuniti attraverso la tecnologia. Le riunioni virtuali possono essere tenute tutte le volte che è necessario, quando un problema richiede attenzione e una riunione regolare non è vicina. Le comunicazioni tempestive con il Data Governance Council richiedono un'attenzione significativa quando si implementa un programma.

IL DATA GOVERNANCE COUNCIL É L'APICE DELLA CATENA ALIMENTARE DEI DATI?

La risposta semplice a questa domanda è: "Sì". L'unico livello più alto, il livello executive (vedi il diagramma a piramide), include gli sponsor e i membri più senior dell'organizzazione, ovvero gli individui che sono in genere lontani dalle operazioni quotidiane e non hanno il tempo di essere coinvolti nelle decisioni data-oriented.

Il livello executive può decidere le priorità e può abbandonare progetti e programmi che non capiscono (Suggerimento!), ma il processo decisionale a livello strategico spesso si svolge al livello inferiore, a livello degli esseri supremi o del Data Governance Council.

PERCHÉ È NECESSARIO UN CONSIGLIO?

In precedenza, ho definito la governance dei dati come "l'esecuzione e l'applicazione dell'autorità sulla gestione dei dati e degli asset relativi ai dati". Naturalmente, questa definizione può essere, ed è stata, dibattuta in diversi modi. Tuttavia, è necessario un livello di autorità sulla modalità di gestione dei dati. Qualcuno deve essere responsabile e farsi carico delle decisioni difficili per quanto riguarda l'impresa.

Questo gruppo dovrebbe essere definito formalmente e dovrebbe includere tutte le parti necessarie dell'impresa. Non è sempre così. Il Data Governance Council ha in genere una rappresentanza da tutte le aree del business e tecniche. Questo consiglio dovrebbe essere definito formalmente se ci si aspetta che i suoi membri prendano decisioni strategiche che avranno un impatto sulle aree di business e tecniche. Le organizzazioni hanno tentato di lasciare il processo decisionale strategico ai data domain steward a livello tattico e hanno spesso scoperto che queste decisioni devono essere convalidate da un consiglio o un comitato strategico.

Questo gruppo potrebbe già esistere nell'organizzazione senza la componente dati o con un nome completamente diverso. Un cliente recente, un'università, chiamava questo gruppo "Administrative Systems Group". Questo implicava l'IT, ma in realtà non c'era. Un altro cliente recente ha chiamato questo gruppo il Data Council; un altro cliente lo ha chiamato Technology Review Board, implicando l'IT, e così era. Si cerchi un gruppo di questo tipo prima di formarne uno nuovo.

CASE STUDY: IDENTIFICAZIONE DEI MEMBRI DEL DATA GOVERNANCE COUNCIL

La composizione del Data Governance Council è spesso facile da descrivere: una persona per sezione, business unit o qualsiasi suddivisione dell'azienda fino al livello più alto. All'università che ho appena menzionato, cinque persone nel suo consiglio rappresentavano le cinque sezioni dell'università: questioni accademiche, relazione con gli studenti, e così via.

In una banca, le divisioni erano risorse umane, finanza, Risk management e così via. In una manifattura che stava implementando SAP, il consiglio comprendeva individui che rappresentavano quattro aziende che sono state riunite nella stessa istanza di SAP. In un'organizzazione governativa il consiglio è composto dai rappresentanti delle divisioni.

Spesso, suggerisco che ogni divisione fornisca un sostituto o un rappresentante alternativo che possa o no avere capacità di voto (decisionali) per la sua divisione. Quando il rappresentante non può partecipare a una riunione o partecipare a una decisione, il sostituto ha la responsabilità di portare le informazioni ai membri del consiglio.

QUANTO TEMPO DOVREBBERO SPENDERE I MEMBRI DEL CONSIGLIO PER LA DATA GOVERNANCE?

Il tempo varia per ogni organizzazione. In genere, ai membri di un Data Governance Council viene chiesto di partecipare a una riunione mensile o trimestrale di 60-90 minuti. Suggerisco ai membri di concedere altri 60 minuti circa al mese per esaminare le informazioni condivise con loro dalle risorse che implementano il programma di data governance. Spesso, i loro materiali sono costituiti da elementi che sono stati, o saranno, discussi nelle riunioni programmate. Questa parte è facile da quantificare, perché i membri del consiglio possono pianificarlo nei loro programmi e rivederlo a loro convenienza.

Nelle prime fasi dello sviluppo e dell'implementazione della data governance, si può prendere in considerazione l'idea di fare riunioni con i membri del Data Governance Council per spiegare le basi e i fattori del programma, i concetti chiave e le procedure consigliate per l'approccio Non-Invasive Governance, l'organizzazione, la policy e così via, in modo che si sentano parte della definizione del programma. In alcune organizzazioni, il Data Governance Council è invitato o tenuto ad approvare tali elementi appena menzionati.

La difficoltà nel quantificare la quantità di tempo diventa evidente quando le questioni che vengono trattate dal consiglio vengono discusse e risolte. Spesso questi problemi non vengono risolti durante le riunioni del consiglio e viene loro assegnata una priorità in base all'importanza per l'organizzazione. Il tempo necessario per risolvere i problemi può variare dal semplice prendere una decisione sulla base delle informazioni fornite loro, alla formazione di gruppi di lavoro e comitati per risolvere questioni più complesse.

Man mano che un programma matura, il Data Governance Council si riunisce regolarmente con gli individui responsabili dell'amministrazione del programma, che in genere impostano l'agenda iniziale. Spesso, il Data Governance Team Leader presiede le riunioni e coinvolge attivamente tutti i membri del consiglio.

COSA FA IL DATA GOVERNANCE COUNCIL?

Il Data Governance Council ha queste responsabilità:

- Essere interessato alla data governance poiché si riconoscono carenze nel modo in cui l'organizzazione gestisce i dati.

- Acquisire informazioni sul significato di data governance e come può (e potrà) funzionare per la propria organizzazione.

- Acquisire informazioni su ciò che significa adottare la data governance e attivare i data steward dell'organizzazione.

- Approvare gli elementi che devono essere approvati, come data policy, framework del ruolo dei dati, metodi, priorità e strumenti.

- Introdurre la data governance nelle proprie aree promuovendo attivamente procedure di data governance sempre migliori.

- Prendere decisioni a livello strategico in modo tempestivo, avendo le conoscenze appropriate per prendere tali decisioni.

- Riunirsi regolarmente (o mandare un sostituto) e leggere i verbali per rimanere informati sulle attività del programma di data governance.

- Identificare e approvare i ruoli fondamentali di data governance, inclusi gli amministratori e i domain steward tra le aziende.

Può essere problematico per il programma di data governance sovraccaricare il Data Governance Council. Come un cliente una volta mi ha detto, "Queste persone hanno già un lavoro." L'idea dell'approccio di Non-Invasive Data Governance è quella di far fare alle persone la cosa giusta riguardo alla gestione dei dati. A volte questo comporta un'autorità rigorosa. Altre volte, è solo, "Ho bisogno di sapere la cosa giusta da fare."

Si valuti la possibilità di sfruttare la struttura organizzativa già esistente per gestire le responsabilità del Data Governance Council. Si consideri inoltre la possibilità di limitare il numero di questioni che richiedono le decisioni del

Data Governance Council. Questo secondo punto richiede una struttura di data governance aggiuntiva esistente a livello tattico.

EXECUTIVE LEADERSHIP TEAM

Molto è stato scritto su come convincere il più alto livello di un'organizzazione che un programma di data governance è necessario e come ottenere il supporto per gestirlo, sponsorizzarlo e comprenderlo. Mi dedico all'approccio non-invasive per ottenere questo sostegno nel capitolo 1.

Il livello executive della piramide non ha spazio dedicato in cima alla piramide. Pertanto, questo livello differisce dagli altri tre livelli. In precedenza, avevo detto che le decisioni relative ai dati raramente vengono prese dal livello executive di un'organizzazione. In genere, le decisioni relative ai dati vengono escalation al livello strategico designato o nominato dal livello executive per rappresentare le proprie divisioni nel più alto livello di decisioni relative ai dati. Nella parte superiore del modello, l'Executive Layer è costituito da qualcosa che esiste già in molte organizzazioni. Che qualcosa è il livello esecutivo di gestione per l'organizzazione. Questo è il livello che abbiamo precisato in precedenza che deve supportare, sponsorizzare e comprendere la data governance e le attività del programma.

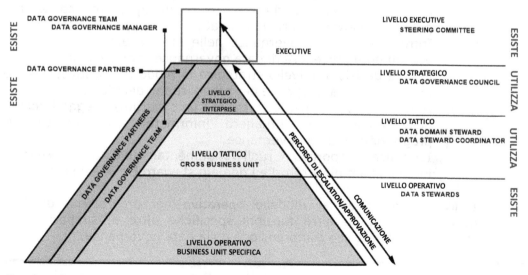

Non-Invasive Data Governance – Modello Operativo Ruoli & Responsabilità - Livello Executive

Il livello executive del modello operativo non ha altre funzioni specifiche nel programma di data governance oltre al supporto, alla sponsorizzazione e alla comprensione della data governance. In questa sezione non vengono descritte in dettaglio i ruoli e le responsabilità specifiche del livello executive perché non ve ne sono altre diverse da queste tre. Il programma di data governance, tuttavia, rischierà il fallimento se il livello executive non supporta, sponsorizza e comprende la governance dei dati.

Punti Chiave

- È necessario un Data Governance Council perché qualcuno deve essere responsabile e farsi carico delle decisioni difficili per quanto riguarda l'azienda. Questo gruppo dovrebbe essere definito formalmente e dovrebbe includere tutte le sezioni fondamentali dell'impresa.

- Il Data Governance Council :

  o Si interessa di data governance poiché riconosce carenze nel modo in cui l'organizzazione gestisce i dati.
  o Acquisisce informazioni sul significato di data governance e come può (e potrà) funzionare per la propria organizzazione.
  o Acquisisce informazioni su ciò che significa adottare la data governance e attivare i data steward dell'organizzazione.
  o Approva gli elementi che devono essere approvati, come data policy, framework del ruolo dei dati, metodi, priorità e strumenti.
  o Introduce la data governance nelle proprie aree promuovendo attivamente procedure di data governance sempre migliori.
  o Prende decisioni a livello strategico in modo tempestivo, avendo le conoscenze appropriate per prendere tali decisioni.
  o Si riunisce regolarmente (o manda un sostituto) e legge i verbali delle riunioni per rimanere informato sulle attività del programma di data governance.
  o Identifica e approva i ruoli fondamentali di data governance, inclusi gli amministratori e i domain steward tra le aziende.

- Il livello executive del modello operativo nel programma di data governance non ha altre funzioni specifiche oltre al supporto, alla sponsorizzazione e alla comprensione della data governance.

Capitolo 10
Ruoli e responsabilità – Cast di supporto

Finora abbiamo analizzato l'ambito del Modello Operativo di Non-Invasive Data Governance dei Ruoli e delle Responsabilità e la porzione del modello operativo a piramide che comprende la zona tra la base e l'apice. Ora, questo capitolo si concentra sulle due barre laterali ombreggiate lungo il lato sinistro della piramide. Questi sono i ruoli del livello di supporto del modello e della data governance.

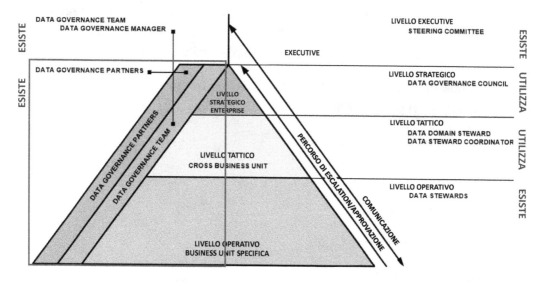

Modello Operativo Non-Invasive di Ruoli & Responsabilità con Livello di Supporto Evidenziati

Non importa come la vostra organizzazione denomini questi o qualunque altro dei ruoli descritti nel modello operativo dei ruoli e delle responsabilità. Vi chiedo quindi di non sentirvi obbligati ad utilizzare i nomi dei ruoli qui descritti. È più importante che voi definiate e comunichiate chiaramente le responsabilità descritte in questo capitolo e che abbiate la responsabilità di adempiere a questi ruoli.

Il Livello di Supporto del Modello Operativo è rappresentato dalle due barre laterali lungo il lato sinistro della piramide del modello operativo. Il Livello di Supporto include i data governance partners e il data governance team. Come riportato nel capitolo riguardante le best practice, le best practice richiedono che il programma di data governance sia gestito e amministrato da un data governance team, con un gruppo esteso di individui che sono i data governance partners.

DATA GOVERNANCE PARTNERS

I data governance partners sono responsabili del collegamento con il data governance team per fornire il supporto necessario, per mantenere aggiornati i team tattici e operativi riguardo incidenti o progetti sui dati, e per garantire che i requisiti riguardanti i dati vengano soddisfatti il prima possibile.

I partner possono includere persone delle aree elencate di seguito. Di norma, sono specifici per il programma messo in atto dall'organizzazione:

- Tecnologia dell'informazione.

- Normative e compliance.

- Information Security.

- Project Management Office.

- Audit e Legale.

Non tutti questi gruppi possono partecipare come partners del programma di data governance e del data program team. La decisione di designare questi gruppi come partners può essere propria dell'organizzazione in base alla sua cultura stessa.

Gli individui considerati partners di data governance partecipano alla definizione dei dati e agli sforzi standard in base alle esigenze, partecipano alle attività tecniche, si occupano se necessario di problematiche sui dati e supportano l'integrazione di data governance nel loro ambito.

I partners della data governance si assicurano che venga rispettata una metodologia standard di progetto, e che le attività, le procedure, e le metriche di data governance siano presenti per mantenere e migliorare la definizione dei dati e la qualità dei metadati. I partners fanno in modo che i metadati indispensabili per la data governance siano inclusi nella piattaforma di documentazione della data governance, che include anche il glossario e il dizionario dei dati, ed è accessibile a tutto il personale.

La quantità di tempo impiegato dai partner di data governance varia a seconda del numero di attività sui dati definite dal team di data governance, dai progetti esistenti e dai requisiti per la data governance nell'ambito delle normali attività aziendali.

DATA GOVERNANCE TEAM

I membri del team di data governance (DGT) sono individui che lavorano già nell'organizzazione e che dedicano una percentuale del loro tempo per lavorare su definizione, sviluppo e impiego della data governance nell'impresa. Si noti come non abbia specificato che lavorino esclusivamente nell'ambito della data governance. Questo implicherebbe che la data governance sia la loro responsabilità primaria, o che il loro tempo in gran parte sia dedicato al programma di data governance. In alcune organizzazioni, questo potrebbe essere vero, tuttavia nella maggior parte delle organizzazioni impegnate in un programma di data governance queste persone hanno "lavoro quotidiano".

In genere, le responsabilità di un team di data governance (DGT) includono:

- Supervisionare lo sviluppo e l'implementazione del programma di data governance.

- Revisionare e documentare l'organizzazione di appropriati best practice, ruoli e responsabilità di data governance, piano di comunicazione e consapevolezza, e fornire una roadmap per l'implementazione del programma di data governance.

- Agevolare le riunioni del Data Governance Council riguardanti status, attività, successi e problematiche del programma di data governance.

- Sviluppare e fornire continuamente materiale istruttivo e di sensibilizzazione sulla data governance.

- Definire, raccomandare e guadagnare l'approvazione sulle metriche di data governance dal Data Governance Council.

- Assicurare che definizioni, procedure e metriche standard sui dati siano in atto per mantenere e migliorare il controllo di rischio, qualità e usabilità dei dati dell'azienda.

- Gestire problemi sui dati, includendo data reports assenti o incorretti e problemi riguardo l'accesso ai dati.

- Verificare casualmente la conformità con quella dei ruoli business sui dati.

Le responsabilità del leader del team di data governance devono includere: dirigere le attività dei membri del team di data governance, pianificare, compilare l'agenda, agevolare e presiedere gli incontri del Data Governance Council. Il team leader assicura il completamento con successo delle azioni definite per il team di data governance.

È importante notare che i membri del team di data governance non sono gli operational data steward, e non sono responsabili per modificare iniziative già esistenti e informali di data governance. In termini più semplici, il team di data governance è responsabile per la definizione, l'implementazione e il supporto delle attività del programma di data governance. Senza questo team, il programma non potrà avere successo.

CASE STUDY: DATA GOVERNANCE TEAM

Un'università ha recentemente sviluppato un programma di data governance e ha creato un team di data governance che impegna un ottavo del tempo di una persona. Questo è tutto. Mi è stato detto che i progressi sul programma sarebbero stati più lenti e noiosi del normale a causa dei vincoli di tempo di questa squadra. In effetti, i progressi hanno richiesto più tempo.

Ho consigliato a questo team di identificare persone specifiche nell'organizzazione che potrebbero svolgere il ruolo di collaboratori per il team riguardo a problematiche relative ai dati e governance dei dati. Questi collaboratori sono diventati un supporto de facto alla data governance in considerazione del loro interesse e del tempo che hanno dedicato a lavorare con il team originale che aveva a disposizione solo un ottavo del tempo di una persona.

All'estremo opposto, ho seguito un'altra organizzazione che aveva già avviato o parzialmente messo in atto un programma di data governance. In questo caso, il team di data governance era composto da quattordici persone. Dieci erano consulenti di un'unica azienda, l'undicesima persona era il team leader della stessa azienda, un'altra persona era dalla società stessa, e io ne ho preso parte come ultimo membro.

I responsabili delle attività commerciali dell'organizzazione che hanno sponsorizzato il programma di data governance hanno sollevato due domande: perché c'erano così tante persone nel team e perché è costato così tanto? Il motivo, secondo il team leader, era che la responsabilità del team di data governance era risolvere i problemi riguardanti la qualità dei dati.

Inutile dire che è stato eccessivo avere così tante persone nel team di data governance. Normalmente, il compito del team di data governance non è quello di risolvere le problematiche di qualità dei dati. Alla fine, l'organizzazione ha assunto un approccio più appropriato per la creazione del proprio team di data governance e le responsabilità del team sono cambiate per rispecchiare maggiormente le responsabilità individuate nell'equilibrio di questo capitolo.

TEAM DI PROGETTO VS. PROGRAM TEAM VS. PLAIN OL' DATA GOVERNANCE TEAM

Nel corso degli anni, ho visto questo team chiamato con diversi nomi e composto da differenti individui con ruoli diversi e provenienti da diverse parti dell'organizzazione. Nelle organizzazioni che hanno appena iniziato a mettere in atto programmi di data governance, che hanno supporto formale e sponsorizzazione, a volte questo gruppo è costituito da persone provenienti da quasi ogni parte dell'organizzazione. Spesso questo gruppo di risorse "volun-told", ovvero a cui è stato chiesto di proporsi volontario, viene creato al solo scopo di definire e sviluppare il programma piuttosto che servire come parte del gruppo responsabile dello sviluppo della data governance.

In situazioni come questa, il team viene spesso definito come team di progetto della data governance, dove il progetto è il lavoro iniziale che porta alla creazione del programma. Nelle organizzazioni con un program team, questi individui vanno a ricoprire altri ruoli definiti come parte del programma. Questi ruoli spaziano da membri del consiglio ad amministratori del dominio dei dati ad amministratori operativi dei dati, a seconda della loro relazione individuale con i dati che definiscono, producono e utilizzano.

CASE STUDY: TEAM DI PROGETTO E PROGRAM TEAM

Un'organizzazione governativa ha recentemente fatto una chiara distinzione tra i ruoli del team di progetto di data governance e il program team di data governance. Il team di progetto era composto da una o più persone di ciascuna sezione dell'organizzazione governativa.

Queste persone sono state attivamente coinvolte nella definizione del programma di data governance, dalla best practice per tale organizzazione fino al percorso che l'organizzazione avrebbe seguito per implementare e sviluppare il programma di data governance in ogni sezione.

È comprensibile che sorga questa domanda: quante persone dovrebbero essere nel team di data governance? La risposta è che dipende. Il numero richiesto di persone nel team è generalmente influenzato da:

- Il livello di coinvolgimento delle aree business e delle aree IT nello sviluppo del programma,

- La complessità e la conoscenza del contesto di data management già presente.

- Velocità alla quale l'organizzazione svilupperà il programma.

Un programma di data governance non si applica autonomamente. Una o più persone devono assumersi le responsabilità sopra elencate.

RUOLO DELL'IT NELLA DATA GOVERNANCE

In molte organizzazioni, i professionisti IT hanno una conoscenza profonda riguardo alla definizione, alla produzione e all'utilizzo dei dati da parte delle singole business unit, ai dati utilizzati tra le business unit e ai dati come risorsa aziendale. Sarebbe insensato non sfruttare queste conoscenze per supportare e migliorare la data governance in tutta l'organizzazione. Definisco spesso il personale IT che ha una conoscenza così approfondita dei dati come i "Data Subject Matter Experts" (DSME) e i "System Subject Matter Experts" (SSMEs).

I "Data subject matter expert" sono coloro dell'IT che supportano i professionisti di business e tecnici attraverso la loro conoscenza delle business operations e dei dati necessari per operare ed eseguire l'analisi di queste operations. Queste persone possono essere business analyst, reporting analyst, data architect, data modeler, project manager, fondamentalmente chiunque nell'area IT che abbia conoscenze nell'ambito dei dati utilizzati per supportare le operational business unit e l'azienda nel suo complesso.

I System subject matter expert sono coloro dell'IT che supportano i professionisti aziendali e tecnici attraverso la loro conoscenza dell'azienda e dei software, delle applicazioni sviluppate internamente e dei data sets integrati (come i datawarehouse), delle soluzioni di Master Data Management e dell'implementazioni di pacchetti utilizzati per gestire le aree di business e le analisi necessarie per il processo decisionale all'interno di tali aree di business. Queste persone possono essere system architect, system developer, application developer, program director per data warehousing o per Master Data Management (MDM), fondamentalmente chiunque abbia conoscenze nell'ambito del sistema che supporta le operational business unit e l'azienda nel suo complesso.

Questa distinzione tra DSME e SSME è irrilevante e non importante per la maggior parte delle organizzazioni. Ciò che è importante, tuttavia, è che i ruoli dei DSME e degli SSME siano definiti formalmente, per raccogliere informazioni riguardo a queste persone come esperti e per utilizzare questi ruoli a beneficio dell'organizzazione.

Tipici compiti degli IT DSME e SSME:

- Occuparsi della protezione e della classificazione coerente dei dati in base all'ambito, ad esempio confidenziali, pubblici, usi interni e simili.

- Essere responsabili della gestione tecnica dei dati per soddisfare i requisiti di classificazione.

- Proteggere l'infrastruttura IT per conto delle business unit proprietarie dei dati.

- Assicurarsi che i dati sensibili, indipendentemente dal formato, siano sempre protetti utilizzando solamente apparecchiature, reti e altri controlli approvati.

- Essere responsabili dell'integrazione della data governance all'interno della metodologia standard del progetto.

- Verificare che la metodologia standard del progetto sia seguita e che vengano messi in atto criteri, procedure e metriche per la gestione e il miglioramento della qualità dei dati e della creazione, acquisizione e manutenzione dei metadati.

- Assicurarsi che tutti i dati strategici siano manipolati, denominati e definiti in modo coerente.

- Assicurarsi che i progetti attingano e utilizzino dati, quanto più possibile, dal designato system of record.

- Fornire supporto tecnico per assicurare qualità dei dati.

- Fornire supporto tecnico per la data governance e per il data cleansing, quando necessario.

- Assicurarsi che i metadati essenziali per la data governance siano inclusi nella sorgente dei metadati e siano accessibili.

Questo e i due capitoli precedenti descrivono in modo esaustivo i ruoli e le responsabilità descritti nel diagramma a piramide.

Punti Chiave

- I partners di data governance sono responsabili di: collaborare con il team di data governance al fine di fornire loro il supporto necessario, essere in collegamento con i team strategici e operativi riguardo a progetti o problematiche sui dati, e assicurare in tempi brevi di soddisfare i requisiti riguardanti i dati.

- I partners di data governance possono comprendere persone dalle aree di IT, regolatorio e compliance, information security, project management office e audit e legale.

- Il team di data governance è composto da persone che lavorano già nell'organizzazione e che dedicano una percentuale del loro tempo per lavorare su definizione, sviluppo e impiego della data governance nell'impresa.

- Il team di data governance è responsabile di definizione, implementazione e sostegno delle attività del programma di data governance.

I capitoli finali di questo libro si focalizzano su strumenti, modelli e tecniche semplici che possono essere utilizzati per rendere il programma di data governance un successo sostenibile nel tempo. In questi capitoli, si presentano strumenti fai-da-te di aiuto per raggiungere questo obiettivo.

Ho spesso detto che non è possibile acquistare uno strumento software, implementarlo ed ottenere così un programma di data governance. Tuttavia, è vero che si possono acquistare strumenti per aiutarti a iniziare. Molti strumenti si concentrano nel supportare la raccolta di metadati riguardo alle relazioni tra persone e dati e rendere queste informazioni disponibili. Per questo motivo, tutti gli strumenti, tra cui quelli descritti in questi due capitoli, possono essere necessari per esercitare e rafforzare l'autorità sulla gestione dei dati

Ci sono strumenti che aiutano (attenzione al termine 'aiutano') a rendere un programma di data governance un'iniziativa di successo. Tuttavia, tali strumenti da soli non formalizzeranno i comportamenti delle persone in relazione al governo dei dati. Uno strumento per sua natura non è un programma di data governance. È necessario quindi sapere cosa si vuole che lo strumento faccia e la maggior parte del suo costo sarà legato all'implementazione: come utilizzarlo, come popolarlo e come mantenerlo.

Utilizzare uno strumento efficacie per raccogliere e gestire i metadati è sicuramente di aiuto, ma è altrettanto certo che la raccolta dei metadati può avvenire anche prima che il nuovo software sia acquistato. È buona prassi quella qui suggerita di iniziare tale attività con prodotti semplici e 'fatti in casa' al fine di comprendere appieno come un SW possa essere di supporto. Prima di acquistare un programma è assolutamente necessario definire specifiche e requisiti che quel programma dovrà soddisfare.

La *Common Data Matrix* è uno strumento che può essere realizzato tramite un comune foglio di calcolo, come fatto da molte delle aziende che realizzano un programma di *Non-Invasive Data Governance*. La *Common Data Matrix* è considerata uno degli strumenti più pratici e quello da cui tipicamente si parte.

In tutte le conferenze sul tema, uno dei primi punti da cui parto è proprio la *Common Data Matrix:* dato che è semplice da completare, è semplice per i partecipanti iniziarne la compilazione, apprezzandone la semplicità la coerenza e l'utilità pratica. Con un certo rammarico, una volta presentato il tool, le persone si concentrano più sulla matrice che sulle mie parole.

Ho ideato e progettato la Common Data Matrix come una griglia bi-dimensionale che 'incrocia' i dati aziendali con le persone che definiscono, producono ed utilizzano i dati. La colonna di sinistra riporta una classificazione dei domini dei dati (o aree tematiche) che sono cruciali nell'organizzazione. Nella parte superiore, sono indicate le aree di business, le unità e le linee di business e le divisioni proprio come si trovano negli organigrammi.

NON-INVASIVE DATA GOVERNANCE™ -- COMMON DATA MATRIX

Legenda colori Ruoli		Information Technology				Unità Corporate			
Data Governance Council Representative									
Data Governance Council Alternate						Area CU-1	Area CU-2	Area CU-3	Area CU-IT
Data Steward Coordinator									
Data Domain Steward		Nome Sistema / DB	Data SME	System SME					
Operational Data Steward									
DATI CLIENTI	VP delle OPERAZ.								
RECAPITI DEI CLIENTI									
		ERP SYSTEM							
		MDM DB							
		EDW DB							
DATI DEMOGRAFICI									
		ERP SYSTEM							
		MDM DB							
		EDW DB							
DATI ECONOMICI									
		ERP SYSTEM							
		MDM DB							

STEP 1: DEFINIRE I DOMINI DEI DATI (LE RIGHE)

La classificazione dei dati è fatta dapprima definendo le aree tematiche dei dati significativi per l'azienda; molte volte si parte da domini di alto livello (i clienti, i prodotti, gli addetti…). Successivamente si specificano sotto-domini al fine di tracciare aspetti e dimensioni differenti; nel caso dei clienti, possibili sotto-domini possono essere i dati demografici, i comportamenti e le preferenze.

Altre organizzazioni definiscono i loro domini in modo granulare. Questo include definire parti o elementi di dati significati come i dati che alimentano i key performance indicator o altre metriche di performance.

È importante sottolineare che non esiste un modo corretto e uno errato con cui suddividere i domini e con cui definirli. Infatti, le definizioni dei domini sembrano differenti da azienda ad azienda.

Ci si potrebbe chiedere: quanto occorre andare nel dettaglio nel definire la materia, la sotto-materia e i dati? La verità è che puoi andare nel dettaglio quanto la tua organizzazione necessita- Il livello di dettaglio è auto definito.

Per esempio: il dominio dei dati del 'cliente' può contenere moltissimi dati. Il sub-dominio dei dati demografici ad es. include un set dati inferiore e più specifico (indirizzo, telefono, mail). È la compilazione della colonna sinistra della *Common Data Matrix* che identifica sia i dati che la relativa granularità necessaria ai fini di una corretta gestione di quegli stessi dati che si intende governare.

Molte aziende hanno iniziato il percorso di definire i sistemi o i DB come domini di dati. Questo approccio cambia velocemente quando le organizzazioni riconoscono che molte sorgenti dati contengono dati da diverse aree piuttosto che da una singola area. Il mio consiglio in questi casi è quello di essere inizialmente generici e poi per step successivi identificare i sistemi dove i dati effettivamente risiedono.

Non è importante focalizzarsi su tutti i dati contemporaneamente. Le organizzazioni che implementano con successo la data governance seguono approcci incrementali, partendo con un numero limitato di domini dati, piuttosto che gestirli tutti dall'inizio. Se un'organizzazione costruisce un Enterprise Data Model, comprende in quel modello le aree tematiche dei dati, viste come una scomposizione logico-gerarchica dei dati, che deve curare e che sono necessarie per il business. Queste aree tematiche o sub domini sono quelle che vanno rappresentate nella colonna di sinistra della *Common Data Matrix*.

Come confronto, definire un dominio come un datawarehouse include molte aree tematiche di quel dato, che possono risiedere in molteplici fonti dati. Questo rende difficile intercettare come questi dati sono rappresentati nell'organizzazione e in quali parti specifiche dell'organizzazione stessa.

Di contro l'utilizzo della *Common Data Matrix* permette la scomposizione di domini e sub-domini dei dati con riferimento alle strutture dati in cui questi possono essere trovati. Nell'esempio riportato, si può vedere come le informazioni demografiche dei clienti si trovano nel datawarehouse (EDW), nel sistema di Master Data Management (MDM) e anche nell'ERP che viene usato operativamente. Pertanto, un'organizzazione che utilizza la matrice per questo scopo potrebbe voler sapere con precisione dove i dati in questo dominio vengono definiti, prodotti e utilizzati all'interno dell'organizzazione.

Nel percorso di alimentazione e di aggiunta di informazioni alla *Common Data Matrix*, l'azienda potrebbe voler tracciare chi sono i Subject Matter Expert riferiti al dato e al sistema (DSME e SSME) all'interno della parte IT o sistemistica dell'organizzazione. Queste persone possono essere coinvolte se equando necessario nelle attività di governance che riguardano i dati che conoscono.

STEP 2: ASSOCIARE I RUOLI AI DOMINI DATI

I Data Domain Steward vanno elencati nella colonna sinistra della matrice vicino ai domini/sotto-domini (celle gialle) piuttosto che sotto le colonne utilizzate per la mappatura della unità organizzative; questo per evitare il fraintendimento che loro abbiano la stewardship dei dati solo in riferimento a determinate aree organizzative e non, come invece deve essere, una responsabilità trasversale su tutta l'organizzazione.

Come già accennato, può essere difficoltoso individuare delle persone che abbiano un sufficiente livello di responsabilità e una autorità decisionale su un dominio dati trasversale su tutta l'organizzazione: questo, infatti, è l'ostacolo maggiore nel governo dei dati in modo cross sull'organizzazione, piuttosto che in 'silos' verticali per ciascuna unità di business.

Un Data Steward va associato e deve curare l'intero dominio di un determinato dato (o un suo sotto-dominio). Ad es. una università può avere un responsabile per l'entità 'studente' ed avere altre persone che hanno responsabilità su alcuni sub-domini dell'entità stessa. Il dettaglio con cui si definiscono i domini dei dati (lo studente nel caso citato) e i relativi sub-domini può aiutare nel determinare quanti Data Steward sono necessari e il set di dati di cui ha responsabilità.

La descrizione completa del Data Domain Steward è nel capitolo 7

CASE STUDY: UNA BANCA DEFINISCE UN DATA STEWARD PER I CLIENTI

Una grossa banca americana aveva problemi nell'identificare la persona responsabile per tutta l'azienda dei dati del cliente. Nessuno, infatti, era trasversalmente riconosciuto in quanto i dati si riferivano a svariate business unit; nessuno poteva prendere una decisione riguardo ai dati dell'entità cliente senza incontrare le critiche di tutte quelle aree che erano coinvolte nella definizione del dato, della produzione o dell'utilizzo.

Fortunatamente, la banca non impose nessuno in questo ruolo critico. Una persona, esperta nei dati del cliente in una certa area organizzativa si propose come Data Domain Steward del 'cliente'. Sapeva che non avrebbe avuto la responsabilità e il mandato per prendere decisioni che avrebbero influito negativamente su alcune aree dell'azienda.

Il management della banca si offrì come facilitatore del confronto su questioni relative all'utilizzo dei dati del cliente in modo trasversale alle funzioni. Ciò ha contribuito a ottenere il consenso su come i dati specifici dei clienti sarebbero stati definiti, prodotti e utilizzati in tutta la banca.

Il Data Domain Steward non era quindi il solo responsabile in presenza di decisioni difficili e controverse. Quando non era possibile raggiungere il consenso, suo compito era fare escalation verso la direzione che nella veste di un Data Governance Council a livello strategico, aveva leve e potere per prendere una decisione trasversale rispetto alle singole aree organizzative.

STEP 3: ORGANIZZARE LE COLONNE

Si parte dall'organigramma, mappando i livelli più alti per poi scendere alle unità di business, alle aree funzionali di ciascuna unità ecc. Queste informazioni vanno riportate nell'intestazione delle colonne di destra della matrice. È bene ricordare che lo scopo della *Common Data Matrix* è quello di incrociare i dati di un determinato dominio (Clienti, addetti...) con le unità organizzative che li definiscono, producono e usano e con il 'dove' li definiscono, producono e usano.

La matrice è anche usata per registrare i ruoli di data governance associati con le differenti parti di una organizzazione. Quindi un membro del Data Governance Council può rappresentare una intera unità di business o una sub-area dell'unità e al contempo rappresentare l'intero consiglio (nei confronti del business)

Il coordinatore degli steward può gestire le attività degli steward per un'intera unità o per sotto-aree della stessa; dipende dal livello di dettaglio che si dà al programma e dal livello organizzativo fino al quale ci si vuole spingere nel governo dei dati.

STEP 4: COMPILARE LA MATRICE

Nelle celle della matrice, all'intersezione tra i domini dei dati (in riga) e l'organizzazione (in colonna) vanno registrati i metadati critici per il successo del programma di Data Governance. Cosa indicare nelle celle può avere varie interpretazioni ed è specifico per ciascuna organizzazione.

In alcuni casi viene semplicemente indicata una "X" per indicare che una unità organizzativa definisce, produce o utilizza i dati del dominio indicato in riga e nella fonte dati corrispondente. Questo è l'utilizzo più semplice della matrice.

In altri casi viene indicato il nome della persona (appartenente all'unità organizzativa) che definisce, produce e/o usa i dati tramite i sistemi indicati in riga. Questa modalità è più complessa soprattutto se l'unità organizzativa conta più Data Steward.

In altri casi ancora in cui nelle celle viene indicato il system of record per quel dato per quell'unità organizzativa, come il dato si muove attraverso l'organizzazione, oppure indicando se l'unità organizzativa in colonna ha responsabilità nella definizione del dato per l'intera organizzazione, nella produzione oppure se l'unità è 'solamente' utilizzatrice del dato nell'applicazione indicata (in riga).

CASE STUDY: INDIVIDUAZIONE DELLE RISORSE CHIAVE DI UNA AGENZIA GOVERNATIVA

Un'agenzia governativa durante l'implementazione di un programma di Data Governance individua per ciascuna divisione una risorsa chiave il cui compito è quello, all'interno del programma, di assicurare che gli interessi e le esigenze della divisione siano propriamente presi in considerazione. L'idea di base è quella di far evolvere il ruolo rivestito durante il progetto di implementazione in un ruolo all'interno del programma di DG una volta terminata la fase progettuale.

Durante la fase di sviluppo progettuale, i membri del team sono stati identificati nella *Common Data Matrix* in associazione alla divisione che essi rappresentavano. Quando il progetto si è evoluto in programma per l'estensione a tutta l'agenzia delle Data Governance, quelle stesse persone hanno avuto un ruolo di coordinamento per le proprie divisioni all'interno del rollout. Quindi i loro ruoli nel programma sono stati associati alle proprie divisioni e non all'intera organizzazione. L'agenzia ha quindi usato la matrice compilando i nomi delle persone in relazione alle unità che essi rappresentavano sia nella fase di progetto che nell'attuazione del programma.

CASE STUDY: UNA UNIVERSITÀ CREA LA PROPRIA DATA MATRIX

Una grande università americana ha adottato la data matrix nell'ambito e a supporto di un programma di data governance volto a gestire i dati in accordo con le policy di classificazione dei dati in base alla loro sensibilità; 3 classi: 1) dati altamente confidenziali, 2) dati sensibili, 3) dati pubblici. A ciascuna classe sono state associate le regole di gestione dei corrispondenti dati.

A ciascuna classe è stato assegnato un colore: rosso per i dati strettamente confidenziali, giallo per i dati sensibili o che devono essere gestiti in base a specifiche regole dettate dall'università e verde per i dati disponibili.

Per la compilazione della matrice si è basata sull'uso della CRUD per identificare la creazione (C), lettura (R), aggiornamento (U) o cancellazione (D) del dato da parte di una specifica area di business. In questo modo la *Common Data Matrix* riporta la relazione di ogni area organizzativa con il dato classificato, mappando contemporaneamente come il dato deve essere gestito in base alla classificazione e come il programma di DG debba operare.

Punti chiave

- Segui questi quattro step per costruire la tua Common Data Matrix:

  1. Categorizza i dati definendo le aree di dominio dei dati significativi per la tua organizzazione.

  2. A fianco dei domini dati appena definiti, riporta il data steward di quel dominio. Inseriscilo a sinistra (in relazione a domini e sotto-domini dei dati) e non sotto le aree organizzative

  3. Le aree organizzative vanno definite partendo dall'organigramma e man mano scendendo dal top management alle unità di business, alle aree funzionali e così via.

  4. Le celle della matrice all'intersezione tra i domini dei dati (righe) e le unità organizzative (colonne) devono contenere i metadati critici per il successo del programma.

La *Governance Activity Matrix* ha molti aspetti in comune con la *Common Data Matrix*: è una matrice bidimensionale; customizzabile in base all'utilizzo che una specifica organizzazione ne vuole fare; la compilazione può seguire diverse linee guida e il costo nel realizzare questa matrice è minimo.

L'idea che sta alla base della *Governance Activity Matrix* è quello di incrociare gli step di un processo che riguarda i dati con i ruoli identificati come facenti parte del programma di Data Governance; può apparire semplice, ma ci sono molte implicazioni nell'uso di questo strumento.

La prima considerazione è denominare correttamente lo strumento e i processi che sono governati. La seconda è quali processi saranno governati e cosa significa governare un processo. La terza è quali informazioni verranno raccolte e utilizzate all'interno dello strumento stesso.

EVITARE IL TERMINE "PROCESSO DI DATA GOVERNANCE"

Il termine "Processo di Data Governance" è in contraddizione con l'approccio non invasivo alla Data Governance; prima di tutto il concetto di governo può essere applicato a qualsiasi processo, secondo, solo perché un processo è gestito e governato, non significa sia un processo di Data Governance.

Usare il termine "processi di Data Governance" implica che i processi stessi sono eseguiti puramente per governare i dati, cosa tipicamente non vera. Ogni processo può essere visto come una forma di governo e regolamentazione semplicemente perché viene seguito.

La ADLC o SDLC (Application or System Development Lifecycle Methodology) sono forme di governo dello sviluppo di una applicazione o di un sistema. La metodologia definisce gli step di sviluppo, chi va coinvolto, le decisioni da prendere, il risultato per ogni step della metodologia, ecc. Sono metodologie in uso da molto tempo, ben formalizzate benché in fase di realizzazione organizzazioni diverse le applicano in modi anche diversi.

La comunità delle tecniche agile è spesso in contrasto con quella del data management; focus di un mio prossimo libro sarà portarle a sintesi. In ogni caso l'approccio agile è un altro tipo di governance.

Il punto è che non dovremmo rinominare la metodologia come "metodologia di governance dei dati" semplicemente perché ci concentriamo sui dati in base ai passaggi e all'utilizzo durante il processo.

Lo stesso vale per il processo di condivisione dei dati, per quello di richiesta di accesso o per quello di cancellazione. Molte organizzazioni hanno processi per come eseguire queste cose, ma questi non devono essere ri-etichettati come "processi di governance dei dati". Questa etichetta implica che la governance dei dati è il motivo principale per cui questi processi sono in essere.Se vogliamo sottolineare la non invasività del nostro approccio alla governance dei dati, l'ultima cosa che dobbiamo fare è etichettare i processi come processi di governance. Piuttosto spieghiamo perché evitiamo di chiamarli processi di governance.

PROCESSI DA GOVERNARE

Le organizzazioni determinano in molti e svariati modi quali processi governare o far ricadere sotto il 'cappello' della Data Governance. Ad esempio, governare l'ADLC è un modo per concentrare l'attenzione sui dati in ogni fase di un nuovo sviluppo; disciplinare gli accordi di condivisione dei dati è un'altra; le modalità con cui risolviamo i problemi riguardo ai dati può essere un terzo modo.

La prima e fondamentale domanda da porsi è: come applicare la Data Governance alla propria organizzazione? In modo proattivo così da realizzarla come un processo quotidiano? Oppure realizzarla tramite il modo con cui si risolvono questioni e si indirizzano i problemi? In realtà la maggior parte delle organizzazioni vogliono fare entrambe le cose; quello che succede nella pratica è che l'inizio è tipicamente in reazione ad una percepita scarsa qualità dei dati volta ad incrementare il valore dei propri dati che lentamente si concretizza in processi quotidiani e continui.

DATA GOVERNANCE PROATTIVA

L'esempio mostrato sotto mostra come una organizzazione ha implementato le attività di Data Governance all'interno delle attività di sistematica ristrutturazione dei propri datawarehouse. In questo caso si può vedere come la matrice delle attività evidenzi nella prima colonna della tabella le fasi ripetibili del processo, includendo i diversi ruoli associati alla Data Governance come indice delle varie colonne della matrice stessa. In ogni cella viene riportato cosa deve fare la persona di un determinato ruolo in quello step di processo. Nell'esempio viene anche riportato il tempo stimato per l'esecuzione dell'attività e il periodo entro il quale la persona di quel ruolo deve espletare il compito.

DG Ruolo & Livello (>) Processi (v)	Effort stimato	Data Governance Team (DGT) *Livello di Supporto*	Information Technology (IT) *Livello di Supporto*	Data Governance Council *Livello Strategico*	Data Domain Stewards *Livello Tattico*	Data Stewards *Livello Operativo*
1. Organizzare e razionalizzare 250 report associati al data warehouse per determinare le 100 esigenze di elementi dati più utilizzate e importanti.	Agosto - Settembre 2014 (6 settimane) Analizzare 250 report per identificare 100 elementi di dati aziendali per la ristrutturazione del data warehouse.	Gestire l'organizzazione e la razionalizzazione di 250 report di data warehouse. Identificare l'utilizzo degli elementi dati nei report per determinare le 100 esigenze di elementi dati più importanti. *(16 ore a settimana per 2 persone)*	Fornire elenco e accesso ai report tecnici del data warehouse. Partecipare alla razionalizzazione dei report e all'identificazione degli elementi di dati. Definizione di record degli elementi di dati nel glossario aziendale. *(8 ore a settimana per 2 persone)*	Approvare l'elenco degli elementi di dati più importanti. *(1 ora per rivedere e approvare gli elementi di dati)*	Collaborare con DGT per razionalizzare tutti i report del data warehouse per identificare gli elementi di dati più importanti. *(8 ore settimanali per area (Tematica)*	Elenco di fornitura e accesso ai report del data warehouse. Partecipare alla razionalizzazione dei report e all'identificazione degli elementi di dati. Definizione di record degli elementi di dati nel glossario aziendale. *(8 ore per week per Business Unit)*

DG Ruolo & Livello (>) Processi (v)	Effort stimato	Data Governance Team (DGT) *Livello di Supporto*	Information Technology (IT) *Livello di Supporto*	Data Governance Council *Livello Strategico*	Data Domain Stewards *Livello Tattico*	Data Stewards *Livello Operativo*
1.1 Definire i criteri di selezione: gruppo di report, Frequenza di utilizzo (giornaliera, settimanale), elementi di dati utilizzati (comunanza), criticità, con risultati diversi tra versioni di Business Objects®						
1.2 Definire e documentare: obiettivi, obiettivi e benefici attesi della ristrutturazione degli elementi di dati.						
1.3 Definire modelli e procedure per ottenere i risultati finali.						
1.4 Definire i primi dieci rapporti più critici (Quick win).						
1.5 Impostare i criteri di esito positivo per questi report.						

DG Ruolo & Livello (>) Processi (v)	Effort stimato	Data Governance Team (DGT) *Livello di Supporto*	Information Technology (IT) *Livello di Supporto*	Data Governance Council *Livello Strategico*	Data Domain Stewards *Livello Tattico*	Data Stewards *Livello Operativo*
1.6 Identificare l'analista di dati per contribuire alla definizione del record (produttori/utenti dei report scelti).						
1.7 Accettare e chiudere la "pianificazione" per completare questo "progetto"						
2. Analizzare e registrare le definizioni nel glossario aziendale. Identificare l'elenco di elementi di dati che verranno inclusi nella ristrutturazione del data warehouse.	Settembre – Ottobre 2014 *(6 settimane)*	Gestire l'analisi delle definizioni degli elementi di dati. Documentare i requisiti di ristrutturazione e del data warehouse e gli standard degli elementi dati aziendali. *(16 ore a settimana per 2 persone)*	Fornire informazioni tecniche e di sistema sugli elementi di dati più importanti. *(8 ore a settimana per 2 persone)*		Fornire una visualizzazione aziendale degli elementi di dati più importanti. Definire e documentare gli standard degli elementi di dati nel glossario aziendale. *(8 ore settimanali per area tematica)*	Fornire informazioni aziendali da includere nella definizione degli elementi di dati più importanti. *(8 ore settimanali per Business Unit)*
2.1 Per ogni report: identificare i risultati.						

DG Ruolo & Livello (>) Processi (v)	Effort stimato	Data Governance Team (DGT) *Livello di Supporto*	Information Technology (IT) *Livello di Supporto*	Data Governance Council *Livello Strategico*	Data Domain Stewards *Livello Tattico*	Data Stewards *Livello Operativo*
2.2 Identificare gli elementi di dati che compaiono.						
2.3 Verificare l'esistenza della definizione nel Data Dictionary						
2.4 Convalidare la definizione o integrare (aggiungendo una nuova...).						
2.5 Chiudere le definizioni degli elementi dati del report.						
2.6 Introdurre la nuova definizione per l'approvazione, quindi aggiungere al data dictionary.						

DATA GOVERNANCE REATTIVA

Molte organizzazioni intraprendono programmi di Data Governance risolvendo problemi sui dati e, in questo modo, forniscono alle persone un modo per registrare e comunicare i problemi che riscontrano nel definire, produrre ed usare i dati. Spesso standardizzano i processi seguiti per la risoluzione dei problemi allo scopo di mettere sotto controllo questi processi reattivi.

L'esempio del case study riportato sotto mostra come un'istituzione finanziaria ha definito gli step di processo per risolvere problematiche sui dati e per definire il coinvolgimento delle persone nel processo, utilizzando dei concetti presi in prestito dalla ben conosciuta matrice RACI. In questo modo l'organizzazione stabilisce chi è responsabile dello step (R), chi è accountable del processo (A), chi va consultato e chi solo informato.

Come detto in precedenza, alcuni hanno aggiunto la "S" cambiando la RACI in RASCI; la S assume il significato di chi identificare chi è a supporto del processo di data governance.

CASE STUDY: UNA ISTITUZIONE FINANZIARIA PUBBLICA L'ACTIVITY MATRIX SULLA INTRANET

Una grossa istituzione finanziaria ha evoluto l'uso della *Activity Matrix* incorporandola nella pagina principale della propria intranet insieme al programma di Data Governance: a chi entra nel sito viene chiesto il proprio livello di competenza e di comprensione riguardo a tematiche inerenti al governo dei loro dati.

Questa organizzazione ha usato le *Governance Activity Matrix* come strumento principale per colmare il gap di conoscenza delle persone. Ha fornito collegamenti alle descrizioni dei ruoli, ai processi che sono stati governati e alle descrizioni approfondite di come ogni ruolo doveva interagire con gli altri associati al processo in oggetto. L'istituzione ha utilizzato gli strumenti sia per coinvolgere le persone sia come efficace strumento di comunicazione degli aspetti chiave della Data Governance.

Ancora una volta, ci sono molti modi per utilizzare l'activity matrix e il suo utilizzo diventa la responsabilità delle persone che guidano il programma di data governance per assicurarsi che la data governance sia applicata in modo coerente nei processi dell'organizzazione. Altri esempi di processi in cui è possibile applicare la Governance Activity Matrix includono:

- Risoluzione o ricerca dei problemi relativi alla qualità dei dati,
- Identificazione e monitoraggio delle esigenze di rischio e compliance,
- Monitoraggio del ciclo di vita della qualità dei dati,
- Convalida e approvazione per le metriche di data governance,
- Creazione di modelli per il glossario e vocabolario delle informazioni,
- Identificazione delle esigenze di informazione del business.

Fondamentalmente qualsiasi processo in cui è importante coinvolgere le persone giuste al momento giusto.

Data Issue Resolution Process – Governance Activity Matrix

Data issue resolution: modifiche delle normative, miglioramenti dei processi dati, problematiche relative ai dati che devono essere corrette, ..

		DATA GOVERNANCE COUNCIL* (LIV. STRATEGICO)	DATA GOVERNANCE TEAM* (LIV. DI SUPPORTO)	DATA DOMAIN STEWARD (LIV. TATTICO)	DATA STEWARDS (LIV. OPERATIVO)	INFORMATION TECHNOLOGY (LIV.DI SUPPORTO)
IDENTIFICAZIONE E DOCUMENTAZIONE	UN EVENTO SCATENANTE DÀ INIZIO ALLA DATA GOVERNANCE, IL DGT VIENE COINVOLTO E INFORMATO	I / A	I / R	R	R	S / R
	IDENTIFICARE DATI E STAKEHOLDERS ASSOCIATI ALL'EVENTO UTILIZZANDO LA COMMON DATA MATRIX	I	R	R	I	S
	RACCOGLIERE INFO DELL'EDM E/O LA DOCUMENTAZIONE DEI DATI PER DESCRIVERE SOLUZIONI POTENZIALI	*	R	R	I	S
RATIFICAZIONE	COINVOLGERE GLI STAKEHOLDERS, RACCOLTI PUNTI DI VISTA, OPZIONI INDIVIDUATE, SOLUZIONI SCELTE	A / I	R	C	C	S
	INFORMARE GLI STAKEHOLDERS DELLA SOLUZIONE INDIVIDUATA	I	R	I	I	S
IMPLEMENTAZIONE E CONTROLLO	IMPLEMENTAZIONE DELLA SOLUZIONE E TEST	*	R	C / R	C	S / R
	DOCUMENTARE E COMUNICARE LA SOLUZIONE	I	R	C	I	S / R
	VALUTARE COMPLIANCE E COMPLETEZZA DELLA SOLUZIONE	I / A	R	C	I	S

R – Responsabile dello svolgimento del lavoro
A – Responsabile dello svolgimento corretto di un determinato lavoro
S – Offre supporto in merito al lavoro svolto
C – Consultato in merito al lavoro svolto
I – Informato del lavoro svolto

Punti Chiave

- Una Data Governance Activity Matrix è costituita da una tabella bidimensionale che relaziona i dati di un'organizzazione con attività di data governance per ogni ruolo e responsabilità

- Questa matrice consente a un'organizzazione di identificare rapidamente l'impatto delle modifiche alle attività riguardo ai dati in tutta l'organizzazione

- La Data Governance Activity Matrix deve includere le business unit e le responsabilità specifiche tra le business unit nella parte superiore della matrice (indice di colonna) e le attività relative ai dati, come ad esempio le attività di migrazione dei dati, quelle di qualità dei dati e di gestione dei master data, come indice di riga (prima colonna della matrice)

Capitolo 13
Strumenti di Data Governance– Communications Matrix

Molti programmi di Data Governance si concentrano principalmente sulla comunicazione, o meglio, sul miglioramento delle comunicazioni sui temi della gestione dei dati e delle informazioni come asset aziendale di valore. Infatti, numerose organizzazioni includono specialisti della comunicazione nei team che hanno la responsabilità di definire, sviluppare e distribuire i programmi di Data Governance.

In questo senso, l'ultimo strumento relativo alla Data Governance è la *Communication Matrix*. Come le altre due matrici descritte nei capitoli 11 e 12, si tratta di una matrice bidimensionale. In questo caso di relazione ciò che si desidera comunicare con coloro cui si desidera comunicarlo.

Ad esempio, è possibile comunicare regole e principi, attività basate sui ruoli del programma di data governance, metadati e documentazione disponibili, metriche delle prestazioni ed eventi che avvieranno le azioni di data governance.

Prima di introdurre la matrice delle comunicazioni, è necessario parlare di un approccio non invasivo al modo in cui vediamo le comunicazioni sulla Data Governance. Questa visione include la separazione delle comunicazioni che utilizzano lo strumento in tre livelli distinti. Ognuno di questi livelli inizia con la lettera "O", quindi li ho etichettati come le tre O della Data Governance Communications: Orientation (Orientamento), Onboarding e Ongoing Communications (comunicazioni continue).

COMUNICAZIONI DI ORIENTAMENTO

Il primo livello di comunicazione della Data Governance è l'orientamento. Il livello comunicazione si realizza in genere quando un individuo o un gruppo di persone si unisce all'organizzazione o viene promosso a una nuova posizione all'interno di un'organizzazione. Molte organizzazioni forniscono già un livello di orientamento, tra cui la formazione / informazione sulla missione dell'organizzazione, sulla visione del senior management, sulle informazioni riguardo alla sicurezza, quelle sui dipendenti ecc.; fondamentalmente su tutto ciò che un nuovo assunto deve sapere per operare in modo efficace all'interno di un'organizzazione

Spesso, le sessioni di orientamento includono informazioni sulla sicurezza dei dati, la privacy, la conformità, l'interazione con i social media e altre politiche che sono diventate pilastri nell'era dell'informazione in continua evoluzione. Queste informazioni si concentrano anche sull'educazione dei nuovi assunti su come seguire le regole e mantenere l'organizzazione e la sua affidabilità e reputazione ai massimi livelli.

Data l'importanza della Data Governance, è il momento di includere informazioni sulla governance dei dati in queste sessioni di orientamento: la governance dei dati *non richiede* una sessione formativa separata, va integrata. Tutto ciò va applicato, a condizione che l'organizzazione si riconosca nel considerare i dati come un asset aziendale.

È consigliabile che la data governance sia inclusa come integrazione ad una categoria esistente di formazione erogata: le informazioni sulla data governance potrebbero essere un'estensione logica in qualsiasi area associata alla gestione del rischio. Oppure le informazioni sulla data governance potrebbero anche essere collegate alla missione e alla visione dell'organizzazione. Nell' 'età dell'informazione', molte organizzazioni stanno includendo la gestione e l'uso di dati e di informazioni nella loro vision.

Un semplice elenco dei tre elementi da includere nell'orientamento relativo alla data governance coprirebbe:

- concentrare una parte dell'organizzazione sulla governance dei propri dati. Ciò richiede una spiegazione di ciò che è "governance", ma la spiegazione potrebbe essere semplice.

- Prevedere la funzione di data governance nell'organizzazione,

- Perché, come e quando contattare qualcuno nell'area di governance. La configurazione di un indirizzo e-mail per questo funziona bene.

Sono certo che possiamo condividere altre informazioni sulla data governance con i nuovi assunti durante i loro orientamenti. A volte, ci vuole solo una mente creativa per trovare modi per rendere le persone consapevoli del loro ruolo nella governance dei dati.

Recentemente un'azienda sta considerando di rendere tutti i dipendenti vice-Data Steward, anche se non tutti partecipano direttamente alle attività del programma di Data Governance. Questa organizzazione darà a tutti un badge da appendere alle loro scrivanie (se lo desiderano) che li titola della possibilità di avere un impatto sulla qualità e sull'uso dei dati all'interno dell'organizzazione. Far lavorare bene insieme le persone è sempre una buona idea!

COMUNICAZIONI DI ONBOARDING

Il secondo livello di comunicazione della Data Governance è l'onboarding. Molte organizzazioni utilizzano questo termine per descrivere l'attività di far partecipare qualcuno al programma di Data Governance; in altre parole, l'onboarding descrive ciò che serve per portare le persone a "bordo della nave" della Data Governance.

È un livello di comunicazione ovviamente importante. Ecco perché è fondamentale che il materiale di supporto sia ben pensato e progettato e direttamente finalizzato al coinvolgimento di una persona specifica nelle attività di Data Governance dell'organizzazione.

Il materiale per l'onboarding può comprendere:

- Il 'Manifesto' della Data Governance, le politiche, le linee guida, i criteri o qualsiasi altro materiale adatto per la specifica organizzazione.

- Data governance best practice e una valutazione dello stato attuale di applicazione rispetto a quello desiderato.

- Ruoli e responsabilità associate al programma.

- Attività specifiche e basate sui ruoli associate al ruolo di una persona.

- Esempi di processi in cui viene applicata la data governance.

- Strumenti ed artefatti, ad esempio nuove informazioni, che derivano dal programma di data governance.

- Come utilizzare gli strumenti e gli artefatti come assistenza per il proprio lavoro.

Alcune organizzazioni si sono spinte fino a certificare le persone all'interno delle loro organizzazioni come Data Steward: che questo ha molto senso, essendo molteplici i parallelismi tra l'onboarding e la certificazione.

Non credo che sia appropriato che la certificazione sia fatta da fonti o certificatore esterni: il processo di onboarding dovrebbe essere specifico per le attività del programma di Data Governance all'interno di una specifica organizzazione.

È possibile e auspicabile includere altri elementi nel processo di onboarding. Fondamentalmente, l'onboarding va considerato come processo per fornire a individui e gruppi la 'cassetta degli strumenti' di cui hanno bisogno per svolgere il proprio lavoro. L'analogia 'cassetta degli strumenti' è perfetta qui, in quanto descrive ciò che stai fornendo e come sarà utile alle persone.

COMUNICAZIONI CONTINUE

Questo è il terzo livello di comunicazione della Data Governance: le comunicazioni continue. Queste includono qualsiasi tipo di comunicazione che si verifica o si ripresenta nel corso dell'attuazione del programma di Data Governance.

Non è sufficiente solo orientare e integrare le persone nel programma. Le comunicazioni continue sono spesso il 'cuore' di un programma per dimostrare il successo per un lungo periodo di tempo, dato che mantengono la Data Governance all'attenzione di tutti mentre svolgono le loro attività quotidiane.

Esempi di comunicazione includono:

- Avvisi su eventi che coinvolgono la data governance.

- Introduzione agli strumenti di governance e modifiche sulla loro disponibilità.

- Refresh sui materiali di orientamento e onboarding.

- Metriche sull'efficacia del programma di Data Governance.

- Verbali e note regolari della riunione del Data Governance Council.

- Modifiche e aggiornamenti su temi normativi e di conformità legislativa.

- Modifiche e aggiornamenti apportati alle regole business associate alle attività aziendali quotidiane.

Ancora una volta, sono certo che altri tipi di comunicazione potrebbero dover avere luogo in modo continuativo sulla Data Governance. Questa è solo una lista preliminare.

USARE LE MATRICI DI COMUNICAZIONE

Se si guarda alla parte superiore della matrice nella pagina successiva, si vedrà i diversi ruoli indicati sono associati al modello operativo di ruoli e responsabilità di cui al capitolo 7. I colori tra il modello operativo e la matrice di comunicazione sono coordinati in modo che un'organizzazione possa avere una relazione anche visiva tra il ruolo nel modello e i tipi di comunicazione necessari.

Va ora definito cosa va in ciascuna cella della matrice. La risposta è un'informazione che aiuti a formalizzare le comunicazioni, a incrociare i contenuti e a identificare formalmente i ruoli di comunicazione. In ciascuna cella, verrà illustrato come identificare il pubblico, i contenuti da fornire, i messaggi chiave da comunicare e i media (riunione, sito Web, newsletter, e-mail, ecc.) usati per fornire le informazioni e definire le tempistiche.

Communication Plan Matrix

GRUPPI →	RUOLI DI DATA GOVERNANCE					
	GRUPPO 1		GRUPPO 2	GRUPPO 3	GRUPPO 4	
TIPOLOGIE DI COMUNICAZIONE ↓	SENIOR MANAGEMENT STEERING COMMITTEE (LIV. EXECUTIVE)	DATA GOVERNANCE COUNCIL (LIV. STRATEGICO)	DATA DOMAIN STEWARDS (LIV. TATTICO)	DATA STEWARDS (LIV. OPERATIVO)	INFORMATION TECHNOLOGY (LIV. DI SUPPORTO)	DATA GOVERNANCE PARTNERS (LIV. DI SUPPORTO)
COMUNICAZIONE PER L'ORIENTAMNETO						
PROGRAM PRESENCE & AWARENESS						
COMUNICAZIONE ON-BOARDING						
PRINCIPI						
ATTIVITÀ BASATE SUL RUOLO						
DOCUMENTAZIONE DI GOVERNANCE						
COMUNICAZIONE CONTINUATIVA						
INDICATORI DI PERFORMANCE						
EVENTI INNESCATI E ALERT						
CONSIGLIO / VERBALI / MASS COMM						

Il modo di comunicare con i gruppi identificati nella matrice è diverso dal modo in cui si comunica con l'IT e con tutti gli altri membri dell'organizzazione. Ciò che stiamo facendo qui è delineare chi ha bisogno di essere coinvolto nella comunicazione e come si deve comunicare con loro: questo è quanto possiamo rappresentare tramite la *Data Governance Communication Matrix*:

- **Audience.** Identifica chiaramente il tuo pubblico. Chi ha bisogno di essere informato? Chi ne sarà impattato dagli effetti? La comunicazione è rivolta ad un'unità organizzativa interna o esterna (distretto, reparto, divisione, sezione, programma, progetto), ad un ruolo (manager, project manager, amministratori), ad una specifica responsabilità (appartenente al ciclo di vita della gestione dei dati come la raccolta di dati) o a singoli individui (il cui supporto è particolarmente cruciale)?

- **Messaggio e Azione desiderata.** Articola ed organizza ciò che vuoi che il pubblico impari e quale azione devono intraprendere a valle della comunicazione. Considera ciò che interessa al tuo pubblico, ad esempio cosa sta cambiando, se sono coinvolti e in quale modo, se ti supportano.

- **Tempistiche e Veicoli di Comunicazione.** Quanto tempo hai a disposizione e qual è il tuo metodo di comunicazione? È un discorso di 30 secondi alla macchina del caffè? Un rapporto ufficiale di 3 minuti a una riunione del team? Una telefonata di 30 minuti? Una sessione di formazione di 2 ore? Un incontro faccia a faccia? Un articolo del sito web? O una dashboard con esplosione delle metriche?

- **Ruolo all'interno del framework di Data Governance.** Qual è il ruolo all'interno del framework di Data Governance, dell'audience della comunicazione: esecutivo, strategico, tattico, operativo o di supporto?

Punti Chiave

- Esistono tre tipi di comunicazioni: per l'orientamento, per l'onboarding e quelle continuative.

- Una volta sviluppato il piano di comunicazione, inizia l'attività di creare tutto il materiale necessario e la comunicazione vera e propria

- Soprattutto, è fondamentale che le organizzazioni riconoscano che qualcuno deve assumere la responsabilità di seguire il piano di comunicazione durante tutta la sua esecuzione

Capitolo 14
La fine è solo l'inizio

È giunto il momento di mettere gli ultimi ritocchi a questo libro sulla Non-Invasive Data Governance. Come ho detto all'inizio, questo libro è stato molto lungo da realizzare. Il problema non era la mancanza di materiale a mia disposizione, ma mettere i concetti sulla carta in modo che il contenuto e il flusso del libro fosse utile per tutti i lettori.

Quando ho coniato l'espressione "Non-Invasive Data Governance" quasi dieci anni fa, è stato per descrivere il primo approccio che ho seguito nell'implementazione del Data Management in un piano Blue Cross Blue Shield a Pittsburgh nei primi anni '90. Non sapevo che sarebbe diventata la passione che ha fondato la mia società di consulenza, il motivo per realizzare questo libro, e il modo con cui ho potuto dare benefici alle organizzazioni che implementano la Data Governance e ai loro clienti, addetti, studenti, affiliati e partner in qualsiasi attività di business.

Come amministratore di dati per i Blues all'inizio degli anni '90, ho pensato di essere in anticipo sui tempi. Per scoprire cosa significasse essere un amministratore di dati, ho consultato diverse riviste basate sulla tecnologia. Mi sono imbattuto in un articolo di Larry English intitolato " Accountability to the Rescue ". L'articolo affermava che potevamo migliorare tutto ciò che riguarda i dati: la qualità, la protezione, la conformità, l'interoperabilità e il valore. Questo è il punto fondamentale per la gestione dei dati: applicando la responsabilità alla gestione dei dati visti come veri asset aziendali. E così si è iniziato ad usare il termine "data as an asset" già allora.

Più volte sono tornato a cercare quell'articolo su Internet senza alcun risultato. Ho perso il contatto con Larry nel corso degli anni, ma prima di perderci di vista, ho fatto in modo di ringraziarlo per aver scritto quel pezzo e di fargli sapere che mi ha aiutato a dare una nuova direzione alla mia carriera. Larry ed io abbiamo avuto diverse discussioni riguardo alla Non-Invasive Data

Governance nel corso degli anni. Devo molto a Larry. Tutti dobbiamo molto a lui.

Larry ha usato il termine "information steward" per descrivere le persone che avevano responsabilità sui dati. L'approccio Non-Invasive Data Governance si concentra sull'aiutare tutti coloro che definiscono, producono e utilizzano i dati in un'organizzazione. Questo coinvolge fondamentalmente tutti, compresi i Data Steward sui dati operativi, di essere formalmente responsabili per come definiscono, producono e utilizzano i dati.

La parola chiave è "responsabilità" (accountability). È mia convinzione fin dall'inizio della mia esperienza nel Data Management che tutti possono essere un Data Steward. Ho dichiarato che i manager saranno i primi a dirvi che tutti devono essere ritenuti responsabili, chiederanno perché le persone non siano sempre ritenute formalmente responsabili, fino ad affermare che dobbiamo fare tutto ciò che è in nostro potere per ritenere le persone responsabili. Per me, questo è buon senso. Una domanda che spesso mi viene posta è: "Come possiamo ritenere tutti responsabili?" E la mia risposta è attraverso l'approccio di Non-Invasive Data Governance. Le persone sono già informalmente responsabili; formalizziamo questa responsabilità piuttosto che rappresentarla alle persone come qualcosa di completamente nuovo.

Userò quest'ultimo capitolo per ricordare alcuni degli aspetti più importanti dell'approccio Non-Invasive Data Governance e per concludere con la 'Carta dei Diritti' della Data Governance.

RIASSUNTO DELL'APPROCCIO DELLA NON-INVASIVE DATA GOVERNANCE

La Non-Invasive Data Governance va comunicata come qualcosa già esistente nell'organizzazione, benché in modo informale, inefficiente e spesso inefficace. L'approccio non invasivo si concentra sulla formalizzazione dei livelli di responsabilità esistenti e sulla gestione delle lacune nella responsabilità formale, e in genere i costi associati solo unicamente legati al tempo impiegato in queste attività. Altri approcci, comunicano la Data Governance come costosa, complessa, dispendiosa in termini di tempo e inadeguata rispetto alla cultura aziendale. Va ricordato che:

- **Seguire un approccio non invasivo è meno intimidatorio e minaccioso.** L'approccio Non-Invasive Data Governance è progettato per adattarsi alla cultura di un'organizzazione e per sfruttare i livelli di governance esistenti. Non è un'invasione. In altri approcci, la Data Governance è vista come una disciplina che aggiunge inutilmente rigore e burocrazia ai processi aziendali, rallentando così i processi e rendendo i dati più difficili da accedere e utilizzare.

- **Con un approccio non invasivo, le persone vedono che la governance aggiunge valore piuttosto che ostacolare lo sviluppo e il progresso.** Le aspettative sull'approccio Non-Invasive Data Governance vengono impostate stimolando le aree di business a riconoscere ciò che *non possono* fare in quanto i dati non supporterebbero le loro attività. Con altri approcci, le aspettative di Data Governance sono impostate ('top down') dal team responsabile della progettazione e dell'implementazione del programma di data governance.

- **Indirizzare le attività di Data Governance alla risoluzione dei problemi aziendali aiuta a descrivere la Data Governance come qualcosa di cui un'azienda ha bisogno piuttosto che ciò che le "persone dei dati" vogliono mettere in atto.** Con la Non-Invasive Data Governance, gli individui vengono identificati e riconosciuti tramite i ruoli associati alla loro relazione esistente con i dati: come responsabili della definizione dei dati, come produttori, come utenti, come esperti in materia e/o infine come responsabili delle decisioni. Con altri approcci, agli individui vengono assegnati nuovi ruoli come parte del loro coinvolgimento nel programma di Data Governance.

- **Riconoscere le persone per le loro relazioni con i dati e aiutarli a comprendere come gestiscono i dati influisce sulle persone e sul business dell'azienda.** Con la Non-Invasive Data Governance, le mansioni non cambiano e la maggior parte della responsabilità delle persone non cambierà. Con altri approcci, agli individui viene assegnato il titolo di "Data Steward" e le loro responsabilità lavorative vengono adattate di conseguenza.

- **Le persone della tua organizzazione fanno attività quotidiane.** A meno che non si modifichino le loro attività quotidiane (tipicamente molto difficili da attuare), le persone dovranno integrare nel quotidiano le loro responsabilità di gestione per la data governance per avere successo. Nell'approccio Non-Invasive Data Governance, più di un Data Steward (una persona formalmente responsabile) è associato a ogni tipo di dati. Questo perché l'organizzazione riconosce che più persone condividono questa responsabilità sui dati, come ad esempio i molteplici utenti di dati specifici. Con altri approcci, gli individui sono definiti come singoli Data Steward per specifiche aree tematiche dei dati.

- **Ognuno amministra i dati in funzione della propria relazione con i dati.** Le organizzazioni applicano principi della Non-Invasive Data Governance ai flussi e ai processi esistenti formalizzando disciplina, responsabilità e coinvolgimento riguardo a questi processi. Con altri approcci, le organizzazioni fanno riferimento ai processi come distinti e peculiari "processi di data governance". In questo modo (non corretto) viene data l'impressione che i processi vengono eseguiti non come 'normale' attività, ma a causa del programma di data governance.

- **La Data Governance consiste nell'esercitare l'autorità sulla gestione dei dati e dei relativi asset.** L'esercizio dell'autorità passa attraverso l'applicazione della governance ai processi e ai flussi di attività esistenti. In altre parole, coinvolgere le persone "giuste" nel processo "giusto"... Leggere la sezione successiva per 'Carta dei Diritti' dei dati. In verità un programma di Non-Invasive Data Governance può essere gestito da una business unit o da un'unità IT, poiché le aree di business e IT hanno conoscenze specifiche e responsabilità formali rispetto al governo dei dati.

La Carta dei Diritti della Data Governance

"Carta dei diritti" dei Dati

Individuare le persone giuste
Coinvolte nel momento giusto
Nel modo giusto
Usando i dati corretti
Per prendere le decisioni
corrette
Ed arrivare alla soluzione
corretta

Da Wikipedia: "una carta dei diritti è una lista dei diritti più importanti per i cittadini di un paese. Lo scopo della carta è quello di proteggere questi diritti contro la vi0olazione."

Il termine "carta dei diritti" ha avuto origine in Inghilterra in riferimento alla Carta dei diritti emanata dal Parlamento nel 1689, dopo la Gloriosa Rivoluzione, affermando la supremazia del Parlamento sul monarca ed elencando una serie di diritti e libertà fondamentali.

Ci si può chiedere che cosa questo abbia a che fare con i dati e la loro governance: tutto e niente. Avrei potuto scrivere sui diritti dei dipendenti o dei membri della tua organizzazione di avere dati di alta qualità che consentano loro di svolgere meglio al le loro attività lavorative. Questo è l'obiettivo di un qualsiasi programma di data governance: fornire dati e informazioni che aiutino ad avere successo.

Invece, ho scelto di concentrare questo libro su diritti specifici e distintivi di un programma di Data Governance. Con questo intendo tutto ciò che è giusto fare per ottenere che il vostro programma di Data Governance operi nel modo desiderato. Questa Carte dei Diritti consiste nel definire i comportamenti giusti necessari da seguire per ottenere i risultati ottimali dal programma di Data Governance.

La mia definizione di data governance è: **l'esecuzione e l'applicazione dell'autorità sulla gestione dei dati e degli asset relativi ai dati.**

E la mia definizione di gestione dei dati è: **la formalizzazione della responsabilità sulla gestione dei dati e degli asset relativi ai dati.**

Riguarda l'applicazione del principio di autorità attraverso la formalizzazione della responsabilità. Nel loro insieme, l'esecuzione e la formalizzazione richiedono

- Coinvolgere le persone **giuste**,
- Nel momento **giusto**,
- Nel modo **corretto**,
- Utilizzando i dati **corretti**,
- Per prendere le decisioni **corrette**,
- Ed arrivare alla soluzione **ottimale**.

Esaminiamo questi punti uno per uno.

COINVOLGERE LE PERSONE GIUSTE

È forse il diritto più facile da affrontare. Le persone definiscono, producono e utilizzano i dati. È possibile eseguire l'inventario dei dati, non necessariamente di tutti i dati, e incrociare tali dati con le persone (o parti dell'organizzazione) che definiscono, producono e utilizzano i dati.

Questo può sembrare un compito mostruoso, ma la verità è che può, e dovrebbe, essere fatto in modo progressivo: è ad esempio possibile completare questa operazione semplicemente utilizzando le informazioni su chi è stato coinvolto durante le iniziative incentrate sui dati che siano in corso o sulle più recenti. Lo strumento migliore per condurre questa mappatura è la Common Data Matrix descritta nel capitolo 11.

COINVOLGERE LE PERSONE NEL MOMENTO GIUSTO

Per spiegare questo punto, è sufficiente utilizzare la Data Governance Activity Matrix, presentata nel capitolo 12. Un'avvertenza: solo perché si crea una Data

Governance Activity Matrix per un processo o una specifica procedura non trasformate questo processo o procedura in un processo chiamato "di data governance". Tramite l'appellativo processo di data governance, si tende a definire la governance dei dati come un onere aggiuntivo che rallenta le decisioni e i processi. Tutti i processi possano essere governati, indipendentemente dal fatto che sia coinvolta o meno la data governance.

COINVOLGERE LE PERSONE NEL MODO CORRETTO

Questo può essere il diritto più difficile da ottenere: comporta assicurarsi che le azioni elencate nella prima colonna della Data Governance Activity Matrix siano le azioni corrette o almeno le più appropriate da intraprendere.

È qui che la Data Governance, a seconda delle prospettive prende vita o diventa difficile da realizzare. Il completamento di una Data Governance Activity Matrix per il ciclo dello sviluppo di un sistema (SDLC) può essere semplice in quanto i passi del processo sono definiti e possono essere utilizzati. Di contro, può essere più complesso il completamento di una Data Governance Activity Matrix per assicurare che le regole di conformità e le disposizioni regolatorie siano acquisite, comunicate e seguite.

Questo è il punto più critico della Carta dei Diritti. Le metodologie, i processi e le procedure consigliate sono probabilmente presenti in un qualche punto dell'organizzazione. Se si assegnano gli step dei processi ben governati alle persone giuste, si stanno adottando misure per la formalizzazione della responsabilità e per diventare più efficienti ed efficaci nei processi in generale e molto probabilmente nella Data Governance.

COINVOLGERE LE PERSONE UTILIZZANDO I DATI CORRETTI

Anche questo diritto può essere di difficile attuazione. Molte organizzazioni non hanno alcuna definizione di cosa siano i dati corretti e questo rende ancora più difficile correggere i dati sbagliati o arrivare alle risposte giuste.

Si supponga, ad esempio, di disporre di un datawarehouse aziendale che funziona perfettamente e di disporre di una soluzione di gestione dei master data; è noto quindi quali siano sistemi di registrazione per i dati e puoi indirizzare le persone all'uso di questi dati. Se tutto questo è vero, la tua situazione è abbastanza buona.

Se hai gestito i passaggi del processo in modo formalizzato (vedi diritti precedenti), puoi applicare i dati ai processi puntando a quelli corretti. La mia raccomandazione è di rendere l'accesso ai dati giusti una parte importante dei processi e delle procedure di governo.

PRENDERE LE DECISIONI CORRETTE

Spesso, ma non sempre, la decisione giusta si basa sui dati giusti, ma ottenere la decisione giusta si basa spesso anche sulla persona giusta che prende tale decisione (valendosi di dati corretti).

In definitiva, i dati giusti portano alla decisione giusta, ma spesso non esiste alcuna garanzia che una decisione sia corretta fino a che, col passare del tempo, si convalida la decisione tramite l'attività aziendale.

A rischio di sembrare ovvio, lasciatemi dire che affinché la decisione giusta funzioni effettivamente, anche la soluzione che segue questa decisione deve essere giusta. E questo può riguardare l'uso della Data Governance Activity Matrix per mappare i passaggi utilizzati per mettere in pratica la decisione giusta.

ARRIVARE ALLA SOLUZIONE OTTIMALE

Arrivare alla soluzione giusta è lo scopo del programma di data governance. Non riesco a pensare a un modo più semplice per descrivere ciò che un programma di Data Governance dovrebbe fare.

Se ti approcci al senior management e dici loro che hai un modo semplice per coinvolgere le persone giuste al momento giusto nel modo giusto utilizzando i dati giusti per arrivare alle decisioni e alle soluzioni giuste, molto probabilmente ti chiederanno come. Per fare tutto ciò dovete utilizzare gli strumenti menzionati nei capitoli 11, 12 e 13.

Ormai siamo alla fine del libro; spero che tu abbia trovato questo libro utile e non esiti nel contattarmi per discutere come funziona l'approccio Non-Invasive Data Governance per te e la tua organizzazione: rseiner@kikconsulting.com.

In bocca al lupo e ricorda:

Inizia e rimani non invasivo